初中信息技术校本教材

商治年 主编

跟着"小微"学 Python

苏州大学出版社
Soochow University Press

图书在版编目(CIP)数据

跟着"小微"学Python/商治年主编.—苏州：苏州大学出版社,2018.12
初中信息技术校本教材
ISBN 978-7-5672-2674-6

Ⅰ.①跟… Ⅱ.①商… Ⅲ.①软件工具-程序设计-初中-教材 Ⅳ.①G634.671

中国版本图书馆CIP数据核字(2018)第248331号

书　　名：	跟着"小微"学Python
主　　编：	商治年
责任编辑：	征　慧
装帧设计：	刘　俊
出版发行：	苏州大学出版社(Soochow University Press)
出 品 人：	盛惠良
社　　址：	苏州市十梓街1号　邮编：215006
印　　刷：	苏州工业园区美柯乐制版印务有限责任公司
E-mail：	Liuwang@suda.edu.cn　QQ：64826224
邮购热线：	0512-67480030
销售热线：	0512-67481020
开　　本：	890 mm×1 240 mm　1/16　印张：5.25　字数：158千
版　　次：	2018年12月第1版
印　　次：	2018年12月第1次印刷
书　　号：	ISBN 978-7-5672-2674-6
定　　价：	39.00元

凡购本社图书发现印装错误，请与本社联系调换。服务热线：0512-67481020

编委会名单

主　编：商治年

编　委：姜孝春　朱　珍　邱　钰
　　　　鲁志建　范红瑞　曾　犇
　　　　张树统　彭燕莎　张　恒

编者语

从事编程教学至今，我的确还没有碰到过一款专门为初中生量身定做的软硬件组合。BASIC、Pascal、C 等自然是不必说了，这些多数只能在 PC 上运行，无论是范例还是练习，无外乎是解决一些数学问题，现在这些古灵精怪的学生对这些当然是提不起兴趣的。

Android + App Inventor 2 或许是一个很好的选择。但是能运行 Android 的设备太贵，配备一个机房没有两三万元是拿不下的。况且家长对于智能手机的认识还不统一，不太可能配齐全。也许有人会说："能在模拟器上运行啊！"但缺少了移动编程的乐趣，这和 Scratch 编程又有什么区别呢？那么就来点"高大上"的，Arduino 又如何呢？虽然它也很流行，但它用的是 C 语言，更关键的是，需要自己搭建电路，所以少不了电子学方面的基本知识，对于"时间贵如油"的信息技术课堂来说，也许电路搭好了下课的铃声也响了，所以还是把它留给高中学生更为合适。

BBC micro:bit 系出名门，它是由英国广播电视公司（BBC）专门为青少年学习编程而研发的一款微型计算机开发板，同时它也受到了三星、微软等大公司的支持，让它不仅拥有了漂亮的图像化编程环境，而且还支持移动端编程。初次接触 micro:bit 是在 2017 年的夏天，偶然的一个机会让我认识了这个来自英国的小玩意，随着研究的深入我觉得它很适合初中生。更有意思的是，小小的 micro:bit 竟然还能运行 Python！虽然 micro:bit 能够支持的是 MicroPython（一种在单片机上运行的 Python），但用来掌握 Python 的基本语法足够了。既然如此，那为何不以 micro:bit 为平台来设计一个 Python 入门课程呢？

"心动不如行动"，恰逢假期，我花了一个多月的时间编写了课程的框架结构和基本范例，目标是用一学期的时间来完成 Python 的基本知识和 micro:bit 基本功能的教学。但只有框架还不行，必须有教材，为此我联合了本区域内几所学校的计算机教师，一边开展教学实验，一边编写教材。第 1、3、10、13、14、15、16 章由我编写，第 6 和第 8 章由鲁志建老师编写，第 2 和第 11 章由范红瑞老师编写，第 4 章由曾犇老师编写，第 5 章由朱珍老师编写，第 7 章由张树统老师编写，第 9 章由邱钰老师编写，第 12 章由姜孝春老师编写，附录由张恒老师整理。彭燕莎老师虽然公出在加拿大，但也在最短的时间内完成了书中全部示范视频的制作。同时，本书的编写过程还得到了苏州工业园区教师发展中心肖年志老师的鼓励和支持。在此对上述所有老师表示由衷的感谢。

本书可以作为初中编程教学的教材，也可供学生社团活动自学之用。由于是初次编写，加之时间很仓促，编者的水平也有限，书中难免有疏漏和不当之处。同时受到篇幅的限制，每个项目中涉及的一些计算机术语、算法、数学及物理知识等都未加以深入地展开，只能有待于各位读者在学习中自己去了解了，在此恳请读者多多批评指正。

商治年
2018 年 5 月

我们为什么要编写 Python 教材（代序）

2016年9月13日上午，中国学生发展核心素养研究成果发布会在北京师范大学举行。《中国学生发展核心素养》进一步明确核心素养是党的教育方针的具体化，是连接宏观教育理念、培养目标与具体教育教学实践的中间环节。党的教育方针通过核心素养这一桥梁，可以转化为教育教学实践可用的、教育工作者易于理解的具体要求，明确学生的必备品格和关键能力，从中观层面深入回答"立什么德、树什么人"的根本问题，引领课程改革和育人模式变革。

那么，核心素养如何在信息技术学科表达与落实呢？2017年教育部制定与发布的《普通高中信息技术课程标准》作出了明确的回答。学科核心素养是学科育人价值的集中体现，是学生通过学科学习而逐步形成的正确价值观念、必备品格和关键能力。高中信息技术学科核心素养由信息意识、计算思维、数字化学习与创新、信息社会责任四个核心要素组成，是高中学生在接受信息技术教育过程中逐步形成的信息技术知识与技能、过程与方法、情感态度与价值观的综合表现。2018年3月21日发布的《江苏省义务教育信息技术课程纲要（2017年修订）》也遵从《普通高中信息技术课程标准》，对义务教育信息技术学科核心素养进行了同样的表达。其实，我们非常明确，在信息技术学科培养学生的核心素养的过程中，引导学生学习与应用一门编程语言是至关重要的，因为掌握一种程序设计语言的基本知识，利用程序设计语言实现简单算法，解决实际问题，是关键核心素养"计算思维"培养的重要内容与途径。

那么选择哪种语言更适合学生的学习呢？Python 拥有优雅、明确、简单的特点，目前几乎成为学习编程的首选语言。根据 Tiobe 排名，Python 已经超越 C#、Java 与 C/C++ 成为排名全球第四的流行语言。同时，Python 作为人工智能的最佳编程语言也是其火爆的重要因素。的确，随着人工智能时代的来临，人与计算机的交流变得越来越重要，在可以预见的未来，编程能力将是衡量人的素质的一项重要指标，所以每个人都应该像会说话、会写字一样学会编程。

近期教育部考试中心发布了"关于全国计算机等级（NCRE）体系调整"的通知，决定自2018年3月起，在全国计算机二级考试中加入"Python 语言程序设计"科目。据悉，浙江省信息技术课程改革方案已经出台，明确从2018年起浙江省信息技术教材编程语言将会从 VB 更换为 Python。除了浙江省以外，北京市和山东省也确定要把 Python 编程基础纳入信息技术课程和高考的内容体系。山东省最新版的六年级小学信息技术教材也加入了 Python 内容。因此，在初中阶段推进 Python 教学势在必行。

如何在初中信息技术课堂开展 Python 教学？纵观市面上各种 Python 教材，很少有一款适合初中学生的，因为，既要让学生能够掌握 Python 的语法、数据结构、流程控制语句，初步掌握算法、了解面向对象编程等基本知识，又要符合初中学生的认知特点，让他们体验到编程的神奇和乐趣，不觉得编程是一件枯燥无味的事情，的确是很难的。苏州工业园区信息技术骨干教师团队，在商治年老师的带领下开展了深入的研究，通过系统化、结构化的课程开发，开展了大量的教学实践，他们找到了这样一个结合点：用 BBC micro:bit 而不是 PC 作为平台，采用项目化教学的方式和 STEAM 教学的基本理念，没有按照传统的计算机语言教学思路，而是用一个个有趣的项目实例将 Python 语言的知识点串联起来。毕竟兴趣是最好的老师，如果孩子们喜欢，必然会学得特别投入。

我们应该为开发团队点赞，更为我们能够共享这样的课程资源而欣喜。希望苏州工业园区的信息技术教师们能珍惜这一成果，积极开展信息技术课堂创新，全面提升课堂教学质量，同时，不断优化与丰富这一开发成果，扩大辐射范围，提高影响力。

肖年志

苏州工业园区教师发展中心信息中心主任

2018年4月27日

目录

第 1 章　入门很简单 …………………………………………………………………… 1

第 2 章　秀出自己 ……………………………………………………………………… 11

第 3 章　还能让屏幕显示得更多 ……………………………………………………… 15

第 4 章　让按钮起作用 ………………………………………………………………… 19

第 5 章　岔路太多，该走哪一条 ……………………………………………………… 23

第 6 章　随机数的乐趣 ………………………………………………………………… 26

第 7 章　唱个歌吧 ……………………………………………………………………… 29

第 8 章　循环很有趣 …………………………………………………………………… 34

第 9 章　目标，只需"迭代"就能达到 ………………………………………………… 38

第 10 章　我的状态你知道 …………………………………………………………… 42

第 11 章　关于时间 …………………………………………………………………… 51

第 12 章　连接你和我 ………………………………………………………………… 54

第 13 章　测试你的反应力 …………………………………………………………… 58

第 14 章　不可触碰 …………………………………………………………………… 61

第 15 章　像素游戏之平衡球 ………………………………………………………… 64

第 16 章　像素游戏之猴子接香蕉 …………………………………………………… 68

附 录 一　micro:bit 内置的对象及函数 ……………………………………………… 71

附 录 二　Python 基础知识 …………………………………………………………… 72

附 录 三　music 内置乐曲 …………………………………………………………… 75

附 录 四　Image 内置图像 …………………………………………………………… 75

第 1 章 入门很简单

 认识"小微"——micro:bit

micro:bit 来自英国,是由英国广播公司(BBC)联合三星、微软、ARM 等公司研发的一款帮助青少年学习程序设计的微型口袋计算机。micro:bit 既然来到了中国,为了方便称呼,我们就给它起个中文名字——小微。

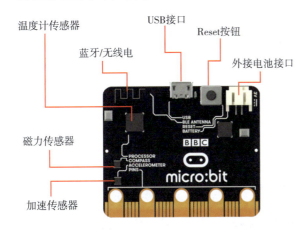

"小微"与树莓派和 Arduino 等开发板一样,采用了基于 ARM mbed 的硬件。"小微"的尺寸虽然小,但集成了种类丰富的电子模块,有 5×5 LED 显示屏、2 个可编程按键、加速度传感器、温度传感器、低功耗蓝牙等。

除此以外,"小微"还有众多的接口,其中 Pin0、Pin1、Pin2 可以通过鳄鱼夹与各种电子元件实现互动,支持读取数字及模拟数据,连接耳机、控制舵机与 RGB 灯带等。"小微"还可以用于编写电子游戏、声光互动、机器人控制、科学实验、开发可穿戴装置等。

 注意:"小微"上的各种电子元件和扩展接口都是非常娇贵的,所以要小心轻放,接线后要先进行检查然后再通电,而且不能用金属物品将裸露的部分短路,否则将会烧毁"小微"!

 "小微"编程的工具

能够支持"小微"的编程环境有很多,可以分为**在线**和**离线**两种。

一、在线编程环境

1. JavaScript Blocks Editor 在线编程环境。

它是微软公司开发的在线图形化编程工具。它是基于 Web 服务的,即只要能够访问编程网站,就可以直接在上面编写程序。程序可以采用两种方式编写:块语言(类似于 Scratch)和 JavaScript 语言(一种脚本语言)。另外,它还提供在线的模拟器,通过它来调试程序又快捷又方便。它的兼容

第1章　入门很简单

性也很好,能够在Windows、MacOS、IOS、安卓系统下使用,同时也支持通过移动端(手机、PAD等)进行无线烧录。JavaScript Blocks Editor在线编程环境界面如下图所示:

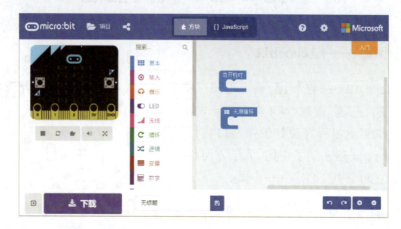

2. Python Editor在线编程环境。

"小微"支持通过Python Editor在线编程环境进行程序开发,所用的语言称为MicroPython,它是一种为单片机而改进的Python语言。Python是目前非常热门的编程语言,近些年在国内外不断被追捧。MicroPython在线编程环境界面如下图所示:

二、离线编程环境

Mu离线软件是一款专门为"小微"设计的离线编程工具,在没有网络的情况下用它为"小微"编程也是非常方便的。Mu所使用的编程语言也是MicroPython,Mu还有上述在线编程环境所不具备的功能:比如,它可以直接将程序烧录到"小微"上,同时它还有REPL(交互式解释器)环境,通过此功能可以方便地调试Python代码。用它编写代码也十分方便,它提供了代码提示功能,如果你的英文单词记得不太好或者是一名编程的初学者,只要输入单词的前面几个字母,与其有关的命令或者命令的使用说明等都会为你展示出来,这大大方便了程序的输入,所以它是目前基于MicroPython最佳的开发工具之一。

三、其他编程环境

除了上面几种编程环境外,还有许多其他的编程方式可供选择,我们将"小微"编程工具通过表格的方式整理如下:

第 1 章　入门很简单

环境	语言	模拟器	中文	网址	网址属性	在/离线
JavaScript Blocks Editor	块语言/ JavaScript 语言	支持	支持	https://makecode.microbit.org	官网	在线
				http://sjmd.sipedu.org/makecode/index.html	苏州工业园区教育城域网	
Python Editor	块语言/ Python 语言	无	不支持	http://python.microbit.org	官网	在线
				http://sjmd.sipedu.org/PythonEditor/index.html	苏州工业园区教育城域网	
Code Kingdoms	块语言	支持	不支持	https://www.microbit.co.uk/app/	官网	在线
Microsoft Touch Develop	Touch Develop 代码语言	支持	支持			
Block Editor	块语言	支持	不支持			
Mu	Python 语言	无	不支持	https://codewith.mu/	软件官网	离线
BXY	Python 语言	无	支持	http://docs.dfrobot.com.cn/bxy/	软件官网	离线

 利用 JavaScript Blocks Editor 编写程序

利用 JavaScript Blocks Editor 编写程序只需计算机中安装有浏览器即可，推荐使用速度比较快且兼容性也比较好的 Chrome 浏览器或 Firefox 浏览器。打开 JavaScript Blocks Editor，设置界面语言的步骤如下图所示：

进入界面后，先来了解一下它的界面布局。如果你使用过类似 Scratch 的块语言编程工具的话，那么想要快速地掌握如何使用 JavaScript Blocks Editor 并不复杂。只需要将程序模块区中的各种块语言拖动到程序编辑区中，就可以搭建出所需要的程序。当程序完成后，左侧的模拟器就能实时地显示运行后的效果，还能模拟各种信息的输入，如晃动、温度、方位变化等。

当程序调试完毕后就可以烧录到真正的"小微"中了，其过程也极其方便，只需更改名称并保存 💾 ，然后选择 ⬇下载 ，将下载的 microbit-XXXX.hex 文件复制到 micro:bit 所产生的盘符 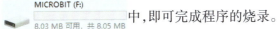 中，即可完成程序的烧录。

3

第1章 入门很简单

JavaScript Blocks Editor 的界面布局如下图所示：

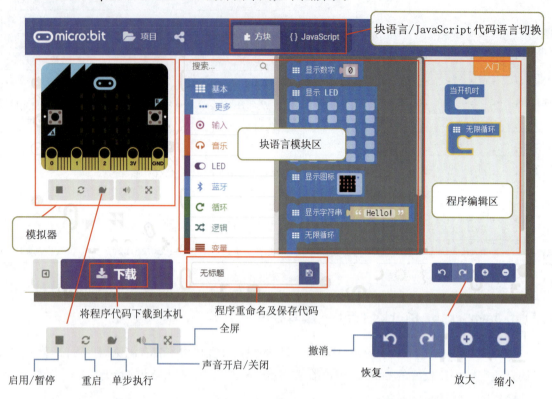

JavaScript Blocks Editor 中保存并烧录程序到 micro:bit 上的步骤如下图所示：

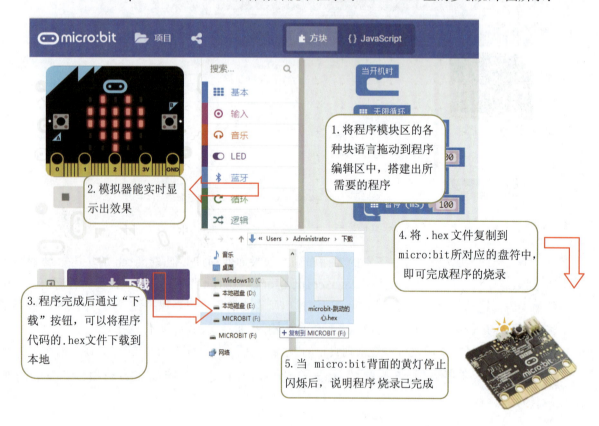

第 1 章　入门很简单

 关于 Python 语言

Python 语言是由荷兰人 Guido van Rossum 于 1989 年发明的，同块语言一样，Python 语言也是一种能够命令计算机为人类工作的计算机语言，是众多计算机程序设计语言中的一种，属于面向对象的解释型的高级语言。

Python 目前已经成为最受欢迎的程序设计语言之一，由于其简洁、易读，并且具有较强的可扩展性，所以在国内外将 Python 作为学习计算机编程的入门语言和用于计算机科学研究的情况也日益增多。

另外，Python 还有免费、开源和移植性强等优点，所以你可以自由地用它来发布软件、阅读其他 Python 程序的源代码。你可以在 Windows、Linux、Android 等平台上使用它。以 Python 为基础的 MicroPython 就是一种可以在"小微"上运行的 Python 版本。

与块语言不同的是，Python 语言与其他众多计算机语言一样，是一种基于字符的代码语言。虽然它由英文单词、符号等构成，阅读起来可能比较麻烦，但和块语言相比，它在可编辑性和可读性方面有着独特的优势。

 利用 Python Editor 在线编程环境编写程序

Python Editor 在线编程环境就是使用 Python 语言的"小微"在线编程环境，使用它也只需要在计算机中安装有浏览器，同样推荐使用 Chrome 浏览器或 Firefox 浏览器。其界面与功能如下图所示：

第1章 入门很简单

值得注意的是，Download 和 Save 的功能都是下载一个文件到本地，但是下载的文件类型是不同的。使用 Download 下载的文件是 .hex 文件，只有它才是能被烧录到"小微"中并被执行的程序文件。而 Save 所下载的文件是 .py 文件，它是程序代码的 Python 源文件，.py 文件可以用文本编辑软件打开和编辑，便于今后对程序进行再一次修改和完善。

利用 Mu 编写程序

在没有网络的情况下可以使用 Mu 作为"小微"的编程工具。Mu 不需要安装，只要访问网址 https://codewith.mu/，下载适合的版本后即可直接打开使用。为了使用 Mu 的所有功能，最好先装上 micro:bit 的串口驱动程序：

https://developer.mbed.org/media/downloads/drivers/mbedWinSerial_16466.exe

Mu 的界面如下图所示：

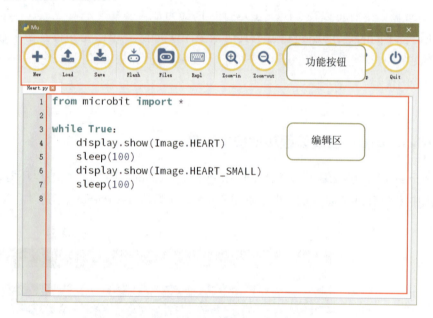

各个图标的详细信息如下表所示：

图标	英文名称	中文含义	功　　能
	New	新建	在 Mu 中新建一个空白的程序文件
	Load	载入	从磁盘上读入程序文件
	Save	保存	将程序文件保存到磁盘上
	Flash	烧录	将程序直接上传到 micro:bit 中

续表

图标	英文名称	中文含义	功 能
	Files	文件管理	管理micro:bit内的文件
	Repl	交互式编程环境	打开/关闭交互式编程环境
	Zoom in	放大	放大代码字体
	Zoom out	缩小	缩小代码字体
	Theme	切换主题	切换主题效果
	Check	检查代码	检查代码的语法
	Help	帮助	进入在线帮助
	Quit	退出	退出软件

使用Mu进行程序编写的一大好处就是它带有代码提示功能,如果你对英文单词记得并不熟练,那么它的代码提示功能可以为程序的输入带来很大的便捷。Mu的代码提示功能如下图所示:

Mu还带有即时帮助功能,只要将函数或方法输入完整,然后输入"(",Mu就会显示出如下图所示的功能帮助信息:

第 1 章 入门很简单

Mu 还带有语法检查的功能。完成代码输入后，选择"Check"按钮，Mu 可以帮你进行代码的检查，判断代码是否存在错误、格式是否标准等。常见的代码问题如下图所示：

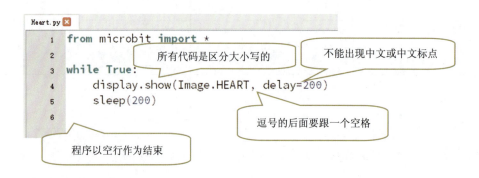

Mu 的代码检查功能如下图所示：

只要"小微"连接在计算机上，就能使用 Mu 的 Flash 功能将程序直接烧录到"小微"上，而不必像在线编程环境那样需先下载 .hex 文件，再将文件复制到"小微"上。

8

烧录程序并查看错误信息,如下图所示:

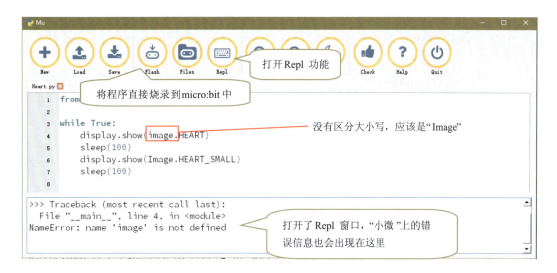

打开 Mu 的 Repl 窗口,如果程序运行过程出现错误,则出错的信息会同时提示在"小微"的 LED 屏幕上(如下图)和 Mu 的 Repl 窗口内。

1. 尝试在 JavaScript Blocks Editor 环境中编写程序《跳动的心》。

进入 https://makecode.microbit.org,在 JavaScript Blocks Editor 在线编程环境中完成《跳动的心》程序的编写,并烧录到"小微"中查看运行效果。

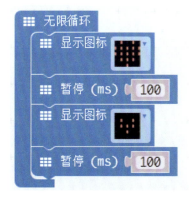

2. 尝试在 Python Editor 在线编程环境中编写程序《跳动的心》。

进入 http://python.microbit.org,使用 Python Editor 在线编程环境输入如下程序,并烧录到"小微"中查看运行效果。

第 1 章 入门很简单

```
1.  from microbit import *
2.
3.  while True:
4.      display.show(image.HEART)
5.      sleep(100)
6.      display.show(Image.HEART_SMALL)
7.      sleep(100)
8.
```

3. 尝试在 Mu 环境中编写程序《跳动的心》。

（1）从下面的网站中下载并安装好 micro:bit 串口驱动程序：

https://developer.mbed.org/media/downloads/drivers/mbedWinSerial_16466.exe

（2）从 https://codewith.mu/ 上下载 Mu 编辑程序。

（3）打开 Mu 程序，输入第 2 题的 Python 代码，并烧录到"小微"中查看运行效果。

4. 比较 Python 代码和块语言，从中找出两种语言的对应关系。

第 2 章 秀出自己

请"小微"做个自我介绍

通过前面的学习,相信你对"小微"已经有了一定的了解,不妨请"小微"做个自我介绍,让大家都能感受到它的热情。

 动手写一写

Python

```
1.  from microbit import *
2.
3.  delay = 1000
4.  display.show(Image.ANGRY)
5.  sleep(delay)
6.  display.show(Image.HAPPY)
7.  sleep(delay)
8.  display.scroll ("Hello! I am
    micro:bit small but powerful")
9.  display.show(Image("99099:"
10.                    "99999:"
11.                    "09990:"
12.                    "09990:"
13.                    "00900:"))
14. sleep(delay)
15. display.clear()
16.
```

 代码解说

1. 第 1 句 **from microbit import *** 的意思是将 microbit 模块导入当前程序中,这样许多"小微"内置的对象就可以使用了。
2. 第 4、6 句分别用于展示"生气"和"开心"的图像。这里使用的是 display 的 show() 方法,用它可以在 LED 屏幕上显示文字或图像。图像是"小微"所内置的,采用 **Image.内置图像名**来表示。

micro:bit 知识

● display.show() 的用法

display.show() 的功能是显示图像、图像序列或字符串,用法如下:

> **display.show(**图像 或 图像序列 或 字符串**)**

第 2 章　秀出自己

使用 display 对象各个方法的前提是在程序的首部导入 microbit 模块：

from microbit import *

● 内置的图像

所谓**图像**就是能够在"小微"的 LED 屏幕上显示出来的点阵图案，它们都保存在 Image 类中，使用如下的格式可以调用：

> **Image.图像名称**

因为 Python 区分大小写字母，所以在输入代码时单词拼写要正确，特别要注意区分大小写。内置的图像如下：

图像	含义	图像	含义
Image.HEART	心形	Image.ARROW_NW	箭头_西北
Image.HEART_SMALL	心(小)	Image.TRIANGLE	三角形
Image.HAPPY	高兴	Image.TRIANGLE_LEFT	左三角形
Image.SMILE	笑脸	Image.CHESSBOAR	棋盘
Image.SAD	伤心	Image.DIAMOND	菱形
Image.CONFUSED	困惑	Image.DIAMOND_SMALL	菱形(小)
Image.ANGRY	生气	Image.SQUARE	方形
Image.ASLEEP	睡着	Image.SQUARE_SMALL	方形(小)
Image.SURPRISED	惊讶	Image.RABBIT	兔子
Image.SILLY	愚蠢	Image.COW	牛
Image.FABULOUS	极妙	Image.MUSIC_CROTCHET	四分音符
Image.MEH	无聊	Image.MUSIC_QUAVER	八分音符
Image.YES	是	Image.MUSIC_QUAVERS	颤音
Image.NO	否	Image.PITCHFORK	叉子
Image.CLOCK12	12 点	Image.XMAS	圣诞树
Image.CLOCK11	11 点	Image.PACMAN	吃豆人
Image.CLOCK10	10 点	Image.TARGET	目标
Image.CLOCK9	9 点	Image.TSHIRT	T 恤衫
Image.CLOCK8	8 点	Image.ROLLERSKATE	轮滑
Image.CLOCK7	7 点	Image.DUCK	鸭子
Image.CLOCK6	6 点	Image.HOUSE	房子
Image.CLOCK5	5 点	Image.TORTOISE	乌龟
Image.CLOCK4	4 点	Image.BUTTERFLY	蝴蝶
Image.CLOCK3	3 点	Image.STICKFIGURE	线条画
Image.CLOCK2	2 点	Image.GHOST	幽灵
Image.CLOCK1	1 点	Image.SWORD	宝剑
Image.ARROW_N	箭头_北	Image.GIRAFFE	长颈鹿
Image.ARROW_NE	箭头_东北	Image.SKULL	头
Image.ARROW_E	箭头_东	Image.UMBRELLA	伞
Image.ARROW_SE	箭头_东南	Image.SNAKE	蛇
Image.ARROW_S	箭头_南	Image.ALL_CLOCKS	所有时钟(列表)
Image.ARROW_SW	箭头_西南	Image.ALL_ARROWS	所有箭头(列表)
Image.ARROW_W	箭头_西		

3. 除了show()能显示信息外,利用scroll()方法也能显示信息。第8句就是使用scroll()方法滚动显示一行文字"Hello! I am micro:bit small but powerful"。

micro:bit
知识

- display.scroll()的用法

用show()方法显示字符串,每个字符会逐个显示,而display.scroll()则是滚动显示一行字符串,它的用法如下:

display.scroll(字符串,delay = 150,wait = True,loop = False,monospace = False)

注意:(1)需要显示的字符必须用单引号或双引号引起来,称之为"字符串"。

(2)需要显示的内容只能是英文字母、数字、标点符号,无法显示中文。

(3)默认状态下所有文字滚动完毕后,才会执行下一句语句(阻塞模式)。如果滚动文字尚未结束就想要执行下面的语句(非阻塞模式),就需要设置wait参数为False。

(4)文字滚动的速度也是可以调整的,默认是150毫秒,如有需要可以调整delay参数,delay的值越大,速度越慢。

(5)默认情况下字符滚动一遍即结束,如果要不断地滚动,可以设置loop参数为True。

(6)每个字符之间的间隔可以使用monospace来设置。

举例:采用非阻塞模式滚动字符串"Hello",设置字符之间的空隙为5个像素,滚动速度为500毫秒,并且不断地循环滚动:

display.scroll("Hello",delay = 500,wait = False,loop = True,monospace = True)

Python
知识

- 字符串

字符串(String)是由数字、字母、符号等组成的一串字符,它是编程语言中表示文本的数据类型。在Python语言中字符串需使用单引号(')或双引号(")将字符括起来,例如:

"Hello World!"

字符串可进行连接运算,连接符为:+

例如:'Hello' + 'World!' 的结果为'Hello World!'

4. 第9句的show()方法显示的是一个自定义的图像。

micro:bit
知识

- 自定义图像

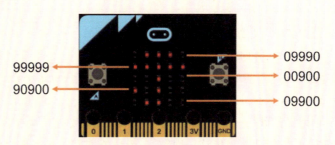

"小微"正面共有25个LED灯,分成5行5列,每一行的5盏灯可以用5个数字代表,每个数字的范围是0~9,0代表不亮,9代表最亮。从第0行开始到第4行,共

第 2 章　秀出自己

有5组这样的数字。这些数字用如下格式表示就是自定义的图像,比如上面的伞的图像就可以表示为:

Image("09990:99999:00900:90900:09900")

5. 用 show()方法显示的图像一旦呈现,程序会继续向下运行,为了让图像在屏幕上保留更长的时间,可以使用 sleep()函数让"小微"暂停运行若干时间,从而达到图像暂留的效果。第5、7、14句就是调用了 sleep()函数使得在第4、6、13 句中显示的图像保留1秒。

micro:bit
知识

● sleep()函数
其功能是让"小微"暂停运行若干毫秒,格式如下:

sleep(毫秒数)

注意:(1) 毫秒与秒的换算关系是:1000 毫秒 =1 秒。
(2) 在暂停运行期间,屏幕上显示的信息不受影响。

6. 由于第5、7、14 句让"小微"暂停运行的时间都是相等的,所以在第3 句定义了一个变量 delay 用于存放暂停运行的毫秒数值1000,这样 sleep()函数中的参数可以统一用变量 delay 来替代。

Python
知识

● 变量
变量是存储在内存中的值,在创建变量时相当于在计算机的内存中开辟了一个空间,这个空间可以存储数值、字符、图像以及其他各种数据。每个变量在使用前都必须**赋值**,变量赋值以后该变量才会被创建,赋值形式如下:

变量 = 表达式

赋值操作也是一种运算,其中" = "称为赋值号,赋值号左边是一个变量,赋值号右边是一个表达式。其运算顺序是先将赋值号右边的表达式进行运算,然后将结果赋给赋值号左边的变量。

7. 第15 句是调用了 display 的 clear()方法将屏幕上所有的图像予以清除。

micro:bit
知识

● display.clear()的用法
display.clear()可以对前面产生的图像予以清除:

display.clear()

思考题

1. 为你的学习小组设计一个英文名,同时设计一个酷一点的 logo 图像。使用"小微"将它们逐一展示出来,并向你的同学阐述其含义。
2. 在"小微"上实现一个自我介绍,并采用 display. scroll()使文字滚动显示。
3. display. scroll()可以显示数字、字母和符号。若想记住一串连续滚动的数字或字符对你的瞬时记忆的确是一个挑战。设计一个记忆游戏:让"小微"滚动显示若干串数字,小组之间可以互相出题,记住并写出这一串数字,最后答对数量最多的同学获胜。

第 3 章　还能让屏幕显示得更多

闪烁的警示灯

　　在夜晚骑自行车,周围的行人和车辆很难发现你。只有装上车尾灯,才能让别人及时发现你。让"小微"变身为能不断闪烁的警示灯,夜间骑车或外出带上它,就会极大地提高出行的安全系数。

 动手写一写

Python

```
1.  from microbit import *
2.
3.  img1 = Image("00000:00000:00900:00000:00000")
4.  img2 = Image("00000:09990:09990:09990:00000")
5.  img3 = Image("99999:99999:99999:99999:99999")
6.
7.  while True:
8.      display.show(img1)
9.      sleep(50)
10.     display.show(img2)
11.     sleep(50)
12.     display.show(img3)
13.     sleep(50)
14.     display.show(img2)
15.     sleep(50)
16.     display.show(img1)
17.     sleep(50)
18.
```

块语言

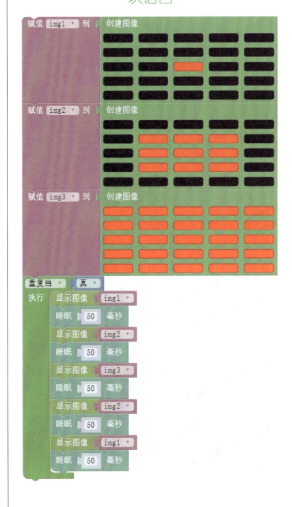

 代码解说

1. 第3、4、5句分别定义了三个图像变量:img1、img2、img3,分别用于存放闪烁效果中的三张静态图像。

第3章 还能让屏幕显示得更多

2. 第8~17句是显示闪烁效果的代码。通过调用display对象的show()方法,按照img1、img2、img3、img2、img1的顺序依次显示图像,每张图像需要在LED屏幕上停留50毫秒。
3. 显然闪一下是不够的,希望第8~17句反复地执行下去,就需要在它们前面加while True:(第7句)。为了表明第8~17句是个整体,需要将这组语句设置相同的缩进。

Python 知识

● while True: 的用法

while语句允许你在后面的布尔表达式的值为True的情况下永久重复执行一块语句,语句结构如下:

> while True:
>   需永久循环的语句块(循环体)

（1）布尔表达式就是值是True和False的表达式。当直接用True来替代这个表达式的时候,while内语句块会永远反复地被执行。
（2）需要执行的语句块前面都有相同的几格空白,称为缩进。缩进在Python中是非常重要的,同一层次的语句必须有相同的缩进。每一组这样的语句称为一个块。
（3）布尔表达式后面紧跟一个":",它是while语句的一部分,不能漏掉。

游动的鸭子

动画的原理就是将分解为许多动作瞬间的图片按顺序和固定时间间隔播放,造成连续变化的视觉效果。虽然"小微"的屏幕比较小,但还是可以用它来展示一小段剧情动画的。

动手写一写

Python

```
1.  from microbit import *
2.
3.  duck = Image.DUCK
4.  while True:
5.      display.show(duck.shift_right(4))
6.      sleep(200)
7.      display.show(duck.shift_right(3))
8.      sleep(200)
9.      display.show(duck.shift_right(2))
10.     sleep(200)
11.     display.show(duck.shift_right(1))
12.     sleep(200)
13.     display.show(duck)
14.     sleep(200)
```

块语言

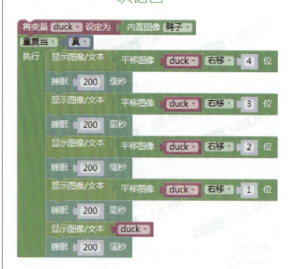

```
15.     display.show(duck.shift_left(1))
16.     sleep(200)
17.     display.show(duck.shift_left(2))
18.     sleep(200)
19.     display.show(duck.shift_left(3))
20.     sleep(200)
21.     display.show(duck.shift_left(4))
22.     sleep(200)
23.     display.show(duck.shift_left(5))
24.     sleep(200)
25.
```

代码解说

1. 第3句定义了变量 duck, 用于存放内置图像 Image.DUCK。
2. 以第5句为例, 由于 duck 是图像, 所以可以调用它的 shift_right()方法, 让它产生了一个向右偏了4个像素的新图像, 然后再用 show()方法将它显示出来。

micro:bit
知识

● 图像的调用方法

图像的调用方法及对应的说明如下表所示:

方法	说明
image.shift_left(n)	返回一个通过向左平移n次后新的图像对象
image.shift_right(n)	返回一个通过向右平移n次后新的图像对象
image.shift_up(n)	返回一个通过向上平移n次后新的图像对象
image.shift_down(n)	返回一个通过向下平移n次后新的图像对象
image.invert()	返回一个反显(亮变暗,暗变亮)以后的图像对象
image.copy()	返回一个与原图像一样的新的图像对象

3. 第7~11句则是分别将图像移动了3、2、1个像素后再将图像显示出来的代码。每显示一次, 图像都会等待200毫秒。这几句代码连贯起来的效果就是小鸭子从边缘移动到了屏幕的中间。
4. 第15~24句则是将图像移出屏幕的代码。这里调用 shift_left()方法向左移动若干个像素, 然后再将它们逐一显示出来。
5. 为了反复展示这个动画, 需要将第5~24句反复地运行, 所以将这块语句放到永久循环 while True:内部, 让它们周而复始地执行。

思考题

1. 实现一个笑脸图像由下往上升起, 而后又落下消失的动画。
2. 在"小微"上设计一个连贯的动画, 并采用 while True:结构进行反复地显示。
3. 直接显示内置图像 Image.HEART(如下面的左图), LED 屏幕会以最高亮度(9级)来显示。

如只想按照九分之五的亮度来显示此图像,则可以在后面跟上 *(5/9)(如下面的右图)。

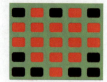 

display.show(Image.HEART)   display.show(Image.HEART*(5/9))

如想按照九分之 n 的亮度显示某图像,可以在图像后跟上 * (n/9)。学会了这招,你能用"小微"设计一个呼吸灯吗?

第4章 让按钮起作用

按钮的使用

许多设备上都有按钮,可以完成相应的功能。"小微"的正面有两个按钮,称为按钮A和按钮B。可以用它们获取来自用户的输入,比如按下按钮启动或停止某段程序,获得按钮被按下了多少次等。

动手写一写

Python

```
1.  from microbit import *
2.
3.  while True:
4.      if button_a.is_pressed() and button_b.is_pressed():
5.          print("A + B")
6.      else:
7.          if button_a.was_pressed():
8.              print("A")
9.          if button_b.was_pressed():
10.             print("B")
11.     sleep(100)
12.
```

块语言

代码解说

1. 整个项目的主体程序是一个永久循环。
2. 第4句用于判断按钮A和按钮B是否同时被按下,如果成立,则执行第5句打印出字符"A + B",否则将执行第7~10句。
3. 第7句 用于判断按钮A是否曾经被按下,如果成立,则执行第8句打印出字符"A"。
4. 第9句用 于判断按钮B是否曾经被按下,如果成立,则执行第10句打印出字符"B"。

Python 知识

● **if 条件语句用法**

在 Python 中,条件语句是通过一个或多个条件执行结果来决定是否执行某块代码的。当 if 语句后面的条件为 True(布尔表达式),或非 0(算术表达式),或者非空字符(字符串表达式)时,则执行其内部的语句块,一般形式如下:

19

第 4 章　让按钮起作用

```
if 条件 1：
    语句块 1
elif 条件 2：
    语句块 2
        ⋮
elif 条件 n：
    语句块 n
else：
    语句块 n+1
```

如果"条件 1"为 True/非 0 /非空字符,将执行"语句块 1"；
如果"条件 1"为 False/ 0 /空字符,则判断"条件 2"；
如果"条件 2"为 True/非 0 /非空字符,将执行"语句块 2"；
如果"条件 n"为 False/ 0 /空字符,将执行"语句块 n+1"。

注意：

（1）每个条件后面要使用**冒号**（:）。

（2）使用缩进来划分语句块,相同**缩进数**的语句在一起组成一个语句块。

（3）if 语句的执行特点是从上往下依次判断,如果在某个判断上是 True,则把该判断对应的语句块执行后,就忽略之后的 elif 和 else。

（4）有多少个 elif、是否有 else 都是可选的。

- print() 函数

print() 函数的功能是在控制端的屏幕上打印出信息,在本书中就是在 Mu 的 REPL 环境窗口中打印出信息,语句结构如下：

print(内容)

例如：执行 print("B"),就可以在 Mu 的 REPL 环境窗口中打印出字符"B"。

micro:bit
知识

- button_a 和 button_b 对象的用法

只要在程序的首部导入 microbit 模块的所有内容,就可以直接在程序中使用 button_a 和 button_b 这两个对象。他们分别用来访问按钮 A 和按钮 B。其方法有如下几个：

按钮对象的方法	说明
button_a.is_pressed() button_b.is_pressed()	如果运行该方法时,按钮已经被按下,则返回 True,否则返回 False
button_a.was_pressed() button_b.was_pressed()	如果从上一次运行该方法到现在按钮曾经被按下过,则返回 True,否则返回 False
button_a.get_presses() button_b.get_presses()	返回自从上一次运行本方法到现在,按钮被按下过的次数

Python
知识

- 逻辑表达式

想要表示 2 个及以上布尔表达式之间的逻辑关系,可以使用逻辑运算符将它们连接起来。逻辑运算符有以下几种：

20

第4章 让按钮起作用

逻辑运算符	含义	运算规则
and	并且	True and True → True True and False → False False and True → False False and False → False
or	或者	True or True → True True or False → True False or True → True False or False → False
not	非	not True → False not False → True

思考题

按下按钮A控制显示图案1,按下按钮B控制显示图案2,同时按下按钮A和B控制显示图案3。

图案1　　　　　　图案2　　　　　　图案3

计数器

为了方便清点和统计数据,我们经常要用到计数器,可以使用按钮的 get_presses() 方法来实现这一功能。由此,"小微"便能化身为一个小巧的计数器。

动手写一写

Python

```python
1.  from microbit import *
2.
3.  mycount = 0
4.  while True:
5.      if button_a.is_pressed() and button_b.is_pressed():
6.          mycount = 0
7.      else:
8.          if button_a.was_pressed():
9.              mycount += button_a.get_presses()
10.         if button_b.was_pressed():
11.             mycount -= button_b.get_presses()
12.     display.scroll(str(mycount))
13.
```

块语言

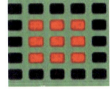
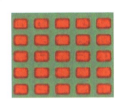

第4章　让按钮起作用

代码解说

1. 第3句定义了 mycount 变量,用来记录次数。
2. 以第8、9句为例,检查按钮是否被按下。用 button_a.get_presses()方法,可以计算一段时间内按钮被按下的次数,如果有按键被按下,按下的次数会增加到 mycount 变量中。

Python 知识

● **变量赋值运算**

赋值运算是将赋值运算符(=)右边的表达式的结果赋给赋值运算符左边的变量:

$$变量 = 表达式$$

Python 还支持自加、自减等操作,如:a += b 与 a = a + b 等效。

运算符有以下几种:

运算符	名称	举例
=	简单的赋值运算符	a = 1 + 2 的结果是 a 为 3
+=	加法赋值运算符	a += b 等效于 a = a + b
-=	减法赋值运算符	a -= b 等效于 a = a - b
*=	乘法赋值运算符	a *= b 等效于 a = a * b
/=	除法赋值运算符	a /= b 等效于 a = a / b
%=	取模赋值运算符	a %= b 等效于 a = a % b
**=	幂赋值运算符	a **= b 等效于 a = a ** b
//=	取整除赋值运算符	a //= b 等效于 a = a // b

此外,Python 还支持连续赋值和多个变量赋值,如:

a = b = c = 1　结果是:a,b,c 都是 1

a, b, c = 1, 2, 3　结果是:a, b, c 分别为 1, 2, 3

3. 第12句,由于不能直接在 LED 屏幕上滚动显示数值类型的变量,所以需要将变量 mycount 中存储的数值用内置的 str()函数转换成字符串,然后再显示它。

Python 知识

● **常见的内置数值函数**

常见的内置数值函数如下所示:

函数	作用	举例
str(x)	将对象转化为适合阅读的字符串	str(3.14) → "3.14"
abs(x)	返回给定数字的绝对值	abs(-2) → 2
min(x, y, ...)	返回给定的参数中的最小值	min(3,6) → 3
max(x, y, ...)	返回给定的参数中的最大值	max(3,6,9) → 9
round(x[,n])	返回浮点数 x 保留 n 位小数的四舍五入后的值	round(1.234,2) → 1.23

思考题

在"小微"上实现一个循环计数器。最大值为9,超过后回到0继续计数,如此周而复始。

第 5 章　岔路太多，该走哪一条

指北针

指北针的主要部件是一根磁针，在地磁场的作用下可以转动并指向北方，我们借此辨别方向。"小微"内部就有一个磁力计，通过读取它的读数，也能辨别方向。

 动手写一写

Python

```python
1.  from microbit import *
2.
3.  compass.calibrate()
4.  direction = compass.heading()
5.  while True:
6.      if direction >= 45 and direction < 135:
7.          display.show(Image.ARROW_W)
8.      elif direction >= 135 and direction < 225:
9.          display.show(Image.ARROW_S)
10.     elif direction >= 255 and direction < 315:
11.         display.show(Image.ARROW_E)
12.     else:
13.         display.show(Image.ARROW_N)
14.     direction = compass.heading()
15.
```

块语言

 代码解说

1. 第 3 句调用磁力传感器的 calibrate() 方法校准磁力传感器。注意：使用磁力传感器前必须校准磁力传感器，也就是调用其 calibrate() 方法，否则可能会读取错误数据。
2. 第 4 句是将读取到的磁力传感器的方向读数存储在变量 direction 中。

micro:bit
知识

● **磁力传感器（磁力计）**
磁力传感器是可以获取当前周围磁场强度的传感器，由于地球本身就是一个大磁铁，所以在周围没有其他磁性物质的情况下，利用磁力传感器的 heading() 方法就可以知道"小微"当前所指的方向。磁力传感器能够得到正方向与地磁北极的夹角度数。返回值是 0° 到 360° 之间的数值。在磁力传感器首次开始工作（带到新位置后）时应该对其校准。需要注意的是，附近若有金属物件，可能会影响读数和校准的准确性。

方法	说 明
compass.calibrate()	校准磁力传感器。用户需要根据 LED 矩阵的图像显示,将图像旋转一圈,直到在显示屏上显示出一个圆
compass.heading()	取得"小微"方向与地磁北极顺时针的夹角,范围从 0 到 360,单位是角度

3. 这里可以将"小微"所处的位置按照角度划分成四个区域(如下图),并进行一系列的判断,最终确定指北针箭头所指方向。

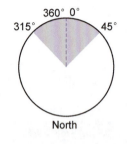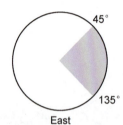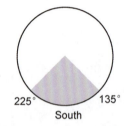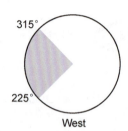

4. 从第 5 句开始是一个永久循环,不停地执行从第 6~14 句的代码。循环执行的内容实际上是不断读取磁力计的读数,并根据读数范围判断所指方向,让箭头指向当前的地磁北极的过程。

5. 第 6~13 句是一个 if 条件判断语句,分为 4 种情况:

(1) 如果磁力计读数大于等于 45°,小于 135°,可以认为"小微"正面偏向东(之前图中所指的 East 区域),则在屏幕上显示向西箭头,让箭头指向地磁北极。

(2) 如果磁力计读数大于等于 135°,小于 225°,可以认为"小微"正面偏向南(South 区域),则在屏幕上显示向南箭头,让箭头指向地磁北极。

(3) 如果磁力计读数大于等于 225°,小于 315°,可以认为"小微"正面偏向西(West 区域),则在屏幕上显示向东箭头,让箭头指向地磁北极。

(4) 除了上述所有情况之外,剩余的就是偏向正北方向的状态(North 区域),所以屏幕上显示向北箭头,正好是地磁北极。

第 5 章 岔路太多，该走哪一条

Python
知识

● 关系运算符

关系运算符有以下几种：

关系运算符	含义
<	小于
<=	小于或等于
>	大于
>=	大于或等于
==	等于,比较对象是否相等
!=	不等于

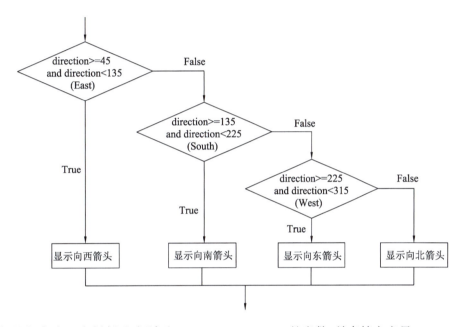

6. 第 14 句是每完成一次判断重新读取 compass.heading() 的度数,并存储在变量 direction 中。

思考题

1. 完成上述项目并思考：这个指北针只能初步地进行方向的判断，很多时候指示的方向不够精确，你能在此基础上进行完善，让指向更精准吗？

   （提示：可以用八个方向的箭头提高精确度）

2. 结合按钮的知识完成：当按下按钮 A 时,实现指北针判断方位的功能;当按下按钮 B 时,重新校准指北针。

第6章 随机数的乐趣

骰子比大小

骰子有6个面,可以显示6个数字,每次掷骰子都会随机出现一个数,我们可以通过晃动"小微",每次"摇一摇",都能在LED屏幕上产生一个数字。请你和周围的同学比一比,看谁产生的数字大。

动手写一写

Python

```
1.  from microbit import *
2.  import random
3.
4.  shaizi = ("1","2","3","4","5","6")
5.  while True:
6.      if accelerometer.was_gesture("shake"):
7.          sz = random.choice(shaizi)
8.          display.show(sz, wait = False)
9.          sleep(2000)
10.     else:
11.         display.show(Image.ANGRY)
12.
```

块语言

代码解说

1. 从第5句开始是程序的主体,是一个永久循环。循环体内部则是一个判断语句,一个分支是判断当摇一摇发生的时候要执行的语句(第7~9句),另一个分支则是在未摇的情况下要执行的语句(第11句)。

2. 第6句中判断摇一摇发生的条件是:accelerometer.was_gesture("shake")为 True,它会根据指定的手势有没有发生过来判断是返回 True 还是 False。

micro:bit
知识

● **手势(Gesture)**

所谓**手势(Gesture)** 是一种对"小微"特定的操作。比如"摇一摇"(shake)就是手势的一种,除此以外"小微"还能识别如下多种手势:

手势名称	说明	手势名称	说明
up	竖立朝上	freefall	自由落体
down	竖立朝下	3g	3倍的重力加速度

续表

手势名称	说明	手势名称	说明
left	竖立朝左	6g	6 倍的重力加速度
right	竖立朝右	8g	8 倍的重力加速度
face up	正面朝上	shake	摇一摇
face down	正面朝下		

● 手势的判断

加速度传感器对象 accelerometer 有以下几种方法可以识别手势：

accelerometer 识别手势的方法	说明
accelerometer.was_gesture("手势名称")	返回 True 或 False，表示从上一次调用该方法后，指定的手势有没有发生过
accelerometer.get_gestures()	返回一个元组，元组内元素是已发生过的手势，元组的最后一个元素是最近一次发生过的手势
accelerometer.current_gesture()	返回当前发生的手势名称
accelerometer.is_gesture("手势名称")	返回 True 或 False，表示调用该方法时，指定的手势是否正在发生

3. 程序的第 4 句定义了一个元组，其元素分别是"1"～"6"，共 6 个字符。

Python 知识

● 元组(tuple)

在 Python 中除了有数字、字符串、布尔值等简单类型的数据类型之外，还有比如元组这种更为复杂的数据结构。所谓**元组**，就是一组数据的有序序列。定义一个元组就是将其中的元素依次排列，每个元素之间用","号隔开，外部用圆括号"( )"将它们包裹起来：

> 元组 = (元素1, 元素2, 元素3, …)

比如，定义一个有 7 个字母的元组：

> mytuple = ("A", "B", "C", "D", "E", "F", "G")

元组常见的操作：

(1) 访问元组中某个元素：

> 元组名[元素下标]

如：

> mytuple[3] → "D"

(2) 求元组内数据的个数：

> len(元组名)

如：

> len(mytuple) → 7

(3) 合并两个元组为一个新元组：

$$元组1 + 元组2$$

如：

$$(1,2)+(2,3,4) \rightarrow (1,2,2,3,4)$$

(4) 判断元素是否在元组中：

$$元素\ in\ 元组$$

如：

$$"E"\ in\ mytuple \rightarrow True$$

注意：

(1) 元组只能访问，无法修改里面的内容。
(2) 如果元组内只有一个元素，则第一元素后要加","，如：

$$mytuple = ("A",)$$

(3) 元组内的元素可以是不同类型的数据，如：

$$mytuple = ("A", 123, (567,"apple"))$$

4. 第7句中random.choice()方法的参数是一个元组或列表，它的功能是随机地从这个元组或列表中挑选出一个元素。

Python知识

● 随机数对象 random

不确定结果的现象称为**随机**。让程序产生随机数就要用到 random 对象。random 对象可以有以下几种产生随机值的方法：

常见的 random 对象的方法	说明
random.random()	随机生成一个实数。生成的随机数 n 的范围是 $0 <= n < 1$
random.randint(a, b)	随机生成一个指定范围内的整数。其中参数 a 是下限，参数 b 是上限，生成的随机数 n：$a <= n <= b$
random.choice(元组/列表)	从序列(元组/列表)中获取一个随机的元素
random.shuffle(列表)	用于将一个列表中的元素打乱

注意：要使用 random 中的方法，需要事先在程序的首部导入 random 模块(import random)之后方能使用。

思考题

1. 修改这个项目，实现摇一摇"小微"，在 LED 屏幕上随机滚动显示一个 1~20 之间的随机数。
2. 修改这个项目，实现摇一摇"小微"，在 LED 屏幕上随机显示一位同学的名字的拼音。
3. 之前学过如何让"小微"显示一个自定义图像，那么是否能够结合 random 对象和元组，实现一个"石头、剪刀、布"的项目呢？摇一摇，能够在 LED 屏幕上随机产生一个剪刀、石头或者布的图像，说出你的思路，并用"小微"来实现。

第 7 章　唱个歌吧

音乐盒

音乐盒悠扬的乐声,经常勾起人们对美好往事的回忆,魂牵梦萦,仿佛坠入了时光隧道中。让"小微"变身为音乐盒,播放出美妙的音乐,伴随着你的学习和生活。

 项目搭建

第一步,将两根鳄鱼夹的一端分别夹在"小微"的 Pin0 和 GND 处。

材料表

1. 鳄鱼夹线 2 根
2. 耳机 1 个
3. micro:bit 1 块

第二步,另一端夹在 3.5 mm 音频插头的首端和末端(顺序不影响)金属柱上。

搭建过程

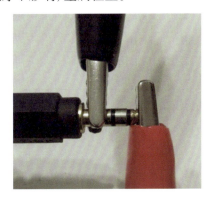

第三步,检查无误后再接通"小微"的电源。

 动手写一写

Python

```
1.  from microbit import *
2.  import music
3.  import random
```

4.
5. musicbox = [music.DADADADUM, music.ODE, music.PRELUDE, music.NYAN]
6. while True:
7. 　　if button_a.was_pressed():
8. 　　　　music.play(random.choice(musicbox), wait = False)
9. 　　if button_b.was_pressed():
10. 　　　　music.stop()
11.

代码解说

1. 第2、3句表示导入音乐(music)模块和随机数(random)模块。导入music模块后,可以使用模块中的music对象及其方法。导入random模块后,就可以使用random对象及其方法等内容。
2. 第5句定义了一个列表musicbox,内含四支内置的乐曲music.DADADADUM、music.ODE、music.PRELUDE、music.NYAN,作为音乐盒中存储的乐曲。

Python
知识

● **列表(list)**

列表(list)是Python中的一种数据类型。列表是一组数据的有序序列,并且可以修改、添加和删除其中的元素。

(1) 列表的定义。元素之间用英文的逗号隔开,并用"[]"将这组元素括起来。比如,变量classmates就是列表型变量:

classmates = ['Michael','Bob','Tracy']

(2) 访问元素。可以用列表名[索引值]来访问列表中每一个位置的元素,索引值从0开始。要访问classmates列表中各元素,可以用如下方式:

列表元素	值
classmates[0]	'Michael'
classmates[1]	'Bob'
classmates[2]	'Tracy'

当索引值超出范围时,Python会报错,所以要确保索引值不能越界。

(3) 取得元素个数。用len()方法可以获得列表元素的个数。len(classmates)的值为3。

(4) 添加元素。

① append()方法。往列表中追加元素到末尾:classmates.append('Tom'),此时classmates中元素为['Michael','Bob','Tracy','Tom']。

② insert()方法。插入元素到指定的位置:classmates.insert(1,'Jack'),表示在索引为1的位置,把元素插入列表中,原索引为1及以后的元素依次后移。此时列表classmates中的元素为:['Michael','Jack','Bob','Tracy','Tom']。

(5) 删除元素。pop()方法表示删除列表中末尾的元素。classmates.pop()表示删除列表中"Tom"元素。pop(i)表示删除索引为i的元素。classmates.pop(1)表示删除列表中"Jack"元素。

(6) 替换元素。可以直接赋值给对应的索引位置。比如 classmates 中元素为 ['Michael','Bob','Tracy'],执行 classmates[0] = 'Lucy'后,classmates 中元素为['Lucy','Bob','Tracy']。

(7) 元素的类型。列表中元素的数据类型可以一致,也可以不一致。例如:L = ['Apple',123,True]。

列表中的元素甚至可以是另一个列表:s = ['python','java',['asp','php'],'scheme'],s 中有 4 个元素,索引为 2 的元素是另一个列表['asp','php']。

● 内置的乐曲

music 有许多内置的乐曲,如下表所示:

music 内置乐曲名	music 内置乐曲名	music 内置乐曲名
music.DADADADUM	music.ENTERTAINER	music.PRELUDE
music.WEDDING	music.CHASE	music.POWER_UP
music.FUNERAL	music.BA_DING	music.POWER_DOWN
music.PUNCHLINE	music.WAWAWAWAA	music.FUNK
music.PYTHON	music.JUMP_UP	music.BLUES
music.BADDY	music.ODE	music.NYAN
music.RINGTONE	music.BIRTHDAY	music.JUMP_DOWN

3. 第 6~10 句是典型的按钮响应结构。第 8 句是当按钮 A 被按下时(模拟音乐盒打开)调用 music 对象的 play()方法播放内容。播放的内容是用 random 对象的 choice()方法从 musicbox 列表中随机选出来的一首乐曲。参数 wait = false 表示不等待播放完毕,直接运行下面的语句。

4. 第 10 句当按钮 B 被按下时(关上音乐盒),音乐停止播放。

● music 对象常用的方法

music 对象常用的方法如下:

方法	介绍
music.play(　　music, 　　pin = microbit.pin0, 　　wait = True, 　　loop = False)	播放音乐: ➤ music 表示要播放的乐曲,它有两种形式:一种是用字符串表示,如"c1:4";另一种用字符串列表表示。用这两种方式播放,duration 和 octave 的值会被重置为默认值。 ➤ pin 用于指定"小微"输出音频的引脚接口,默认为引脚 0。 ➤ wait 值为 True 表示采用阻塞模式播放乐曲。 ➤ loop 值为 True 表示乐曲一直重复播放。
music.stop()	停止音乐播放

第 7 章 唱个歌吧

续表

方法	介绍
music.reset()	把以下参数重新设置为初始状态： ➤ ticks = 4。ticks：一个节拍包含的 tick 数量。例如：ticks = 4，表示 4 个 ticks 构成一个节拍。如何理解"tick"呢？它和乐曲节奏有关。例如，每分钟演奏 120 节拍，那么每拍为 0.5 秒，当 ticks = 4 时，tick 即为 0.5 秒 ÷ 4 = 0.125 秒。 ➤ bpm = 120。bmp：表示节奏，即 beats per minute，每分演奏多少节拍。 ➤ duration = 4。duration 表示时值，音符持续的时间长短，缺省值为 4，即持续时间为 4 个 ticks。 ➤ octave = 4。octave 表示音的高低，可理解为音阶所在的组别。缺省值为 4，对应钢琴中小字 1 组音阶。octave 的值每增大或减小 1，表示音升高或降低 1 个八度。

自定义乐谱

"音乐盒"中的乐曲是系统中内置的，如果你有一首特别喜欢的音乐想放在音乐盒中，但是系统中又没有，那该怎么办呢？可以通过自定义乐谱的方法来实现，让"小微"演奏出来。

动手写一写

Python

```
1.  from microbit import *
2.  import music
3.
4.  m1 = ['e:2','d:2','c:2','d:2','e:2','e:2',
5.        'e:4','d:2','d:2','d:4','e:2','g:2',
6.        'g:4','e:2','d:2','c:2','d:2','e:2',
7.        'e:2','e:2','c:2','d:2','d:2','e:2',
8.        'd:2','c:4','R']
9.  music.play(m1, pin0, wait = False, loop = True)
10.
```

块语言

玛丽有只小羊羔

$1 = d\frac{2}{4}$

中速   美国民歌

3 2 1 2 | 3 3 3 | 2 2 2 | 3 5 5 |

3 2 1 2 | 3 3 3 1 | 2 2 3 2 | 1   0 ‖

代码解说

1. 第 4~8 句定义了一个列表 m1，表中存储了《玛丽有只小羊羔》的乐谱。

micro:bit
知识

● 表示音符

NOTE[octave][:duration]

（1）Note 表示音符，取值为："C""D""E""F""G""A""B"(分别代表"do""re""mi""fa""so""la""ti")。

（2）octave 表示音的高低，可理解为音阶所在的组别。缺省值为 4，对应钢琴中小字 1 组音阶。octave 值每增大或减小 1，表示音升高或降低 1 个八度。

（3）duration 表示时值，即音符持续的时间长短，缺省值为 4，即持续时间为 4 个 ticks。列表中"R"表示休止符，休止时长由 duration 决定，缺省值为 4。

2. 第 9 句调用 music 对象的 play() 方法，播放列表 m1 中存储的乐谱，参数 loop = True 表示循环播放。这样，歌曲《玛丽有只小羊羔》就响起来了。

思考题

1. 在本章知识的基础上实现摇一摇"小微"换乐曲的功能。
2. 用"小微"演奏乐曲《伦敦桥要倒了》。

伦敦桥要倒了

$1 = F \frac{4}{4}$

5· 6 5 4 | 3 4 5 — | 2 3 4 — | 3 4 5 — |

5· 6 5 4 | 3 4 5 — | 2 — 5 — | 3 1 — 0 ‖

第8章 循环很有趣

会呼吸的灯

在前面闪烁的警示灯实例中提出一道思考题:将"小微"变为一盏能够从暗变亮再由亮变暗的呼吸灯,相信你已经实现了。那能不能将之前的代码做一些修改,让它变得更为简洁呢?

 动手写一写

Python

```
1.  from microbit import *
2.
3.  while True:
4.      for i in range(1,10):
5.          display.show(Image.HEART*(i/9))
6.          sleep(100)
7.      for i in range(9, -1, -1):
8.          display.show(Image.HEART*(i/9))
9.          sleep(100)
10.
```

块语言

 代码解说

1. 项目的主体是一个永久循环。循环体内是两大部分:第4~6句是使得灯光从暗变亮的代码,第7~9句是使得灯光从亮变暗的代码。

2. 第4~6句是实现逐渐将亮度从暗到亮的代码。前面曾经学过让图像按照一定亮度比例显示的方法:将图像*(n/9)后再显示。所以这里需要按照:图像*(1/9)、图像*(2/9)、…、图像*(9/9)的顺序将图像逐一显示出来。可以发现,每次变化的是图像*(x/9)中的x,而且x是从1~9有规律地变化的,为此本程序可以使用 for … in 遍历结构。

Python 知识

- **for ... in 遍历结构**

所谓**遍历**,就是逐一取得序列中的各个元素,并对元素进行逐一操作。比如,老师对全班同学逐一点名、批改作业等,这些都可以称为遍历。for ... in 结构如下:

> for 循环变量 in 序列:
>   循环体
> else:
>   循环正常退出时运行的语句块

首先尝试访问序列中的首个元素,如果这个元素存在,则循环变量就指向这个元素,然后执行 for ... in 结构中的循环体,等到循环体运行完毕,则会尝试访问序列中的下一个元素,如果这个元素存在,则循环变量就指向这个元素并继续执行循环体。这个过程周而复始,直到序列中的所有元素都被访问到为止。如果循环正常退出(没有被 break 语句打断),则最后执行一遍 else: 内的语句块。程序框图及举例如下所示:

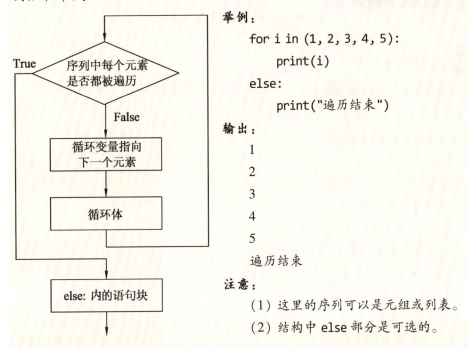

举例:
```
for i in (1, 2, 3, 4, 5):
    print(i)
else:
    print("遍历结束")
```
输出:
1
2
3
4
5
遍历结束

注意:
(1) 这里的序列可以是元组或列表。
(2) 结构中 else 部分是可选的。

- **range()函数**

如果要遍历的是一个很长的整数序列,那么不必将序列全部罗列出来,可以使用 range()函数生成该序列,其功能如下表所示:

range()函数的用法	说明
range(a)	生成一个从 0 到 a(不含 a)、间隔为 1 的列表。 如:rang(3)→[0,1,2]
range(a, b)	生成一个从 a 到 b(不含 b)、间隔为 1 的列表。 如:rang(1,3)→[1,2]
range(a, b, c)	生成一个从 a 到 b(不含 b)、间隔为 c 的列表。 如:rang(5,0,-1)→[5,4,3,2,1]

第8章 循环很有趣

> range()函数经常与 for ... in 遍历结构结合起来使用，比如：
> for i in range(1,5) 等价于 for i in [1, 2, 3, 4]

3. 第7~9句则是实现灯光由亮到暗的过程，要逐一显示 图像*(x/9)，其中x应该是从9逐步变为0，所以采用 range(9, -1, -1) 生成列表[9,8,7,6,5,4,3,2,1,0]，然后让循环变量 i 按照这个序列逐一变化，并在循环体内将图像按照顺序逐一显示出来。

"关公巡城"

"关公巡城"是我国南方工夫茶茶艺中的一环。把许多个茶杯围在一起，用茶壶沿着小杯排列的方向注入茶水，这个动作是巡回的运动，目的是要把茶水的分量和香味均匀地分配给所有杯子，就像关公巡城，处处俱到一样。"小微"中每个LED灯都可以单独地控制，我们不妨也来模仿一下"关公巡城"的效果吧。

 动手写一写

Python

```
1.  from microbit import *
2.
3.  while True:
4.      for x in range(1, 5):
5.          display.set_pixel(x, 0, 9)
6.          sleep(500)
7.          display.set_pixel(x, 0, 0)
8.      for y in range(1, 5):
9.          display.set_pixel(4, y, 9)
10.         sleep(500)
11.         display.set_pixel(4, y, 0)
12.     for x in range(3, -1, -1):
13.         display.set_pixel(x, 4, 9)
14.         sleep(500)
15.         display.set_pixel(x, 4, 0)
16.     for y in range(3, -1, -1):
17.         display.set_pixel(0, y, 9)
18.         sleep(500)
19.         display.set_pixel(0, y, 0)
20.
```

块语言

代码解说

1. 程序的主体是一个永久循环。循环体内是四个部分:第4~7句是从左到右逐一闪烁第0行LED灯,第8~11句是从上到下逐一闪烁第4列LED灯,第12~15句是从右到左逐一闪烁第4行LED灯,第16~19句是从下往上逐一闪烁第0列LED灯。

micro:bit 知识

- LED灯的坐标

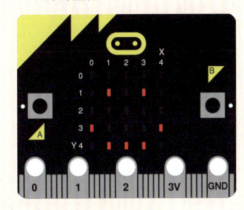

"小微"LED屏幕上每一盏灯都可以单独控制。行用Y表示,列用X表示,每一盏灯都有唯一的坐标:最上一行称为第0行,最下一行称为第4行。列也是一样,最左一列称为第0列,最右一列称为第4列。每一盏灯都可以用(x,y)坐标形式来表示。比如:左图中笑脸的左眼的灯的坐标就是(1,1),右眼的灯的坐标就是(3,1)。

- 控制每一盏灯

控制每一盏灯可以调用display对象中的set_pixel()或get_pixel()方法:

display 对象中控制灯的方法	说明
display.set_pixel(x,y,val)	将第x列第y行上灯的亮度设置为val,val的范围是0~9,0代表不亮,9代表最亮
display.get_pixel(x, y)	获取第x列第y行上灯的亮度值

2. 第4~7句代码,首先点亮(0,0)位置上的灯,等待0.5秒后再将其熄灭,然后点亮和熄灭(1,0)位置上的灯……直到点亮和熄灭(4,0)位置上的灯。这样第一行灯就从左到右逐一闪烁一遍了。
3. 第8~11句是从上到下逐一点亮第4列灯的代码。由于(4,0)位置上的灯上一个循环中已经闪烁过了,所以应该从(4,1)开始,逐一完成(4,2)、(4,3)、(4,4)的闪烁。
4. 第12~15句和第16~19句,和上面的过程类似,只是闪烁灯的行列不同而已。

思考题

1. "韩信点兵"的效果可以这样理解:从第0行开始,从左到右每个灯逐一被点亮。先是第0行,然后是第1行,依次类推,直到所有的灯都被点亮。你能实现这个效果吗?
2. 实现一个"闪烁的星空"的效果:在LED屏幕(天空)上随机点亮(9级)一些点(星星),然后这些星星的亮度逐渐由亮变暗直至消失,而这些星星会交错地出现,周而复始,就像夏日夜晚的星空。

第9章 目标，只需"迭代"就能达到

倒计时器

在生活中倒计时器的应用无处不在，马路上的红绿灯会用倒计时来提示行人、车辆按规则行动，为出行提供安全保障。让"小微"变身为倒计时器，帮助你进行有效的计时吧。

 动手写一写

Python

```python
1.  from microbit import *
2.  import music
3.
4.  countdown = 9
5.  while countdown >= 0:
6.      display.show(str(countdown)
              ,wait = False)
7.      sleep(1000)
8.      countdown -= 1
9.  music.pitch(1000, 1000, wait = False)
10. display.show(Image.HAPPY)
11.
```

块语言

 项目结构图

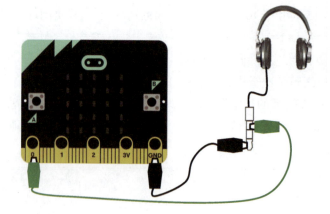

搭建过程

第9章 目标，只需"迭代"就能达到

代码解说

1. 第4句定义了变量countdown，用于存放倒计时数值，初始值为9，表示倒计时从9开始。
2. 第5~8句使用while循环，只要变量countdown大于等于0，则重复执行while内的代码，循环体中调用display对象的show()方法显示数字，数字间切换间隔为1000毫秒，然后变量countdown减1，继续执行以上代码，直到countdown小于0为止，退出循环体。

Python
知识

- while 的用法

Python中while循环用于在某判断条件为True的情况下循环执行一段程序，语句结构如下：

> while 判断条件:
>   需执行的语句块(循环体)
> else:
>   当判断条件为False时执行的语句块

（1）判断条件：执行的判断条件可以是任何表达式，任何非0或非空的值均为True(真)。当判断条件为False(假)时，循环结束。
（2）判断条件后面紧跟一个"："，它是while语句的一部分，不能漏掉。
（3）当循环条件为False，且没有被break语句打断，则会执行else:内的语句块。同时else:部分也是可选的。

3. 第9、10句是倒计时结束后执行的代码，调用music的pitch方法播放声音，接着显示笑脸画面。

micro:bit
知识

- music.pitch()方法

> music.pitch(frequency,len = -1,pin = microbit.pin0,wait = True)

在指定的时间(单位：毫秒)内播放1个音调。例如，如果frequency为440，len为1000，那么我们会听到这种音调(frequency为440)一秒。
（1）如果wait设置为True，则此函数处于阻塞状态。程序会停留在此直到音乐播放完毕。
（2）如果len为负，音调将持续播放，直到阻塞被中断。

脑筋急转弯

脑筋急转弯是日常生活中经常玩的一个智力游戏，你也可以通过编程和"小微"一起来玩脑筋急转弯的游戏，它的规则如下：如果出现向下或向右的箭头，则按下按钮A；如果出现向上或向左的箭头，则按下按钮B；如果按错了，就算失败。

动手写一写

Python

```python
from microbit import *
import random

a = [Image.ARROW_E, Image.ARROW_S]
b = [Image.ARROW_W, Image.ARROW_N]
list = [a,b]
guess = random.choice(random.choice(list))
while True:
    display.show(guess)
    if button_a.was_pressed():
        if guess in a:
            display.show(Image.HAPPY)
            guess = random.choice(random.choice(list))
            sleep(200)
            continue
        else:
            break
    if button_b.was_pressed():
        if guess in b:
            display.show(Image.HAPPY)
            guess = random.choice(random.choice(list))
            sleep(200)
            continue
        else:
            break
display.show(Image.SAD)
```

 代码解说

1. 第4、5句定义了列表a、b，列表a中的元素分别是东（向右）、南（向下）两个方向的箭头，列表b中的元素分别是西（向左）、北（向上）方向的箭头。
2. 第6句定义了列表list，并将a、b作为元素存放在其中。
3. 第7句定义了guess变量，用于存放需要显示的图像，采用嵌套调用随机函数random.choice()的方式从list中随机挑选了一个箭头图片赋值给变量guess。
4. 第8～25句一直重复执行脑筋急转弯代码。
5. 第9句的作用是显示出随机的方向箭头，第10句用于判断按钮A是否曾经被按下，如被按下则执行第 11~17 行的语句,如没有则执行第 18 句,判断按钮 B 是否曾经被按下。

6. 第 11~17 句,首先判断 guess 中方向箭头是否在列表 a 中,如果在则显示笑脸,再继续随机产生新的方向箭头,等待 200 毫秒,执行 continue 语句,回到第 9 句继续执行循环,如判断错误则执行 break 语句跳出 while True:循环,执行第 26 句语句,显示悲伤表情,程序结束。第 19~25 句的作用和第 11~17 句非常类似,在此不再赘述。

Python 知识

- in 操作

返回 True 或 False,表示表达式的结果是否在序列中。

$$\boxed{\text{表达式 in 序列}}$$

其中的序列可以是元组、列表或者字符串。

比如:

"C" in "ABCDEFG" → True

abs(-3) - 2 in (1,2,3,4,5,6,7) → True

1 + 2 in [1,2,3,4,5,6,7] → True

4 in range(1,4) → False

- continue 语句

continue 语句用来告诉 Python 跳过当前循环的剩余语句,然后继续进行下一轮循环。continue 语句可用在 while 和 for 循环中,continue 语句用法如图 1 所示。

- break 语句

break 语句用来终止当前循环,即循环条件尚未为 False 或者序列还没被遍历完也会停止执行循环语句。break 语句可以用在 while 和 for 循环中。

如果使用嵌套循环,break 语句将停止执行最深层的循环,并开始执行上一个循环的第一行代码。break 语句用法如图 2 所示。

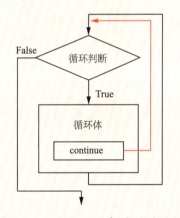 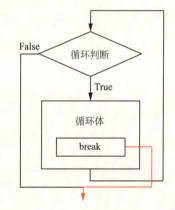

图 1　continue 语句使用流程图　　图 2　break 语句使用流程图

思考题 设计代码,实现在"小微"中辨别奇偶数的游戏:不断随机显示 10 以内的数,如果是奇数,则需要按下按钮 A;如果是偶数,则需要按下按钮 B;如果按错,则游戏结束。同时,如果在 0.5 秒内不按任何键,则游戏也会结束,游戏结束后显示出答对的次数。

第 10 章　我的状态你知道

水平仪

水平仪是一种常用的工具,用于测量物品是否处于水平状态。气泡式的水平仪利用了竖直向上的浮力,根据气泡的位置实现感知倾斜角度的功能。利用"小微"也能实现水平仪的功能,但其利用的是内置的加速度传感器。

 动手写一写

Python

```
1.  from microbit import *
2.
3.  while True:
4.      display.clear()
5.      d_x = accelerometer.get_x()
6.      if d_x>-10 and d_x < 10:
7.          display.set_pixel(2,3,9)
8.      elif d_x>=10 and d_x <40:
9.          display.set_pixel(3,3,9)
10.     elif d_x>-40 and d_x <=-10:
11.         display.set_pixel(1,3,9)
12.     elif d_x<=-40:
13.         display.set_pixel(0,3,9)
14.     else:
15.         display.set_pixel(4,3,9)
16.     sleep(200)
17.
```

块语言

 代码解说

1. 主程序是一个永久循环,不停地执行从第 4 句到第 16 句的代码。循环体的首句(第 4 句)使每次进入循环时先将 LED 屏幕上的信息清除,然后调用 accelerometer(加速度传感器)对象的 get_x()方法(第 5 句),获取 x 方向上的加速度数值。

2. 第 6 ~ 15 句是一个多重判断:
如果 X 轴方向的分量在[-10,10)内,可以认为是水平状态,点亮第 3 行第 2 列(中间)那盏 LED 灯。

如果 X 轴方向的分量在[10,40)内,可以认为是右低左高偏离水平的状态,点亮第 3 行第 3 列的那盏 LED 灯。

如果 X 轴方向的分量在[-40,10)内,可以认为是左低右高偏离水平的状态,点亮第 3 行第 1 列的那盏 LED 灯。

如果 X 轴方向的分量小于等于-40,可以认为是严重的左低右高,点亮第 3 行第 0 列的那盏 LED 灯。

除了上述所有情况之外,剩下的就只有严重的右低左高的状态,所以点亮第 3 行第 4 列的那盏 LED 灯。

micro:bit 知识

● **加速度传感器**

加速度传感器是一种能够测量物体各个方向加速度的传感器。当"小微"静止的时候,它只受到重力加速度的影响,由于"小微"处于三维空间中,所以分别有get_x()、get_y()、get_z()三个方法用于感知这三个方向上的加速度分量。

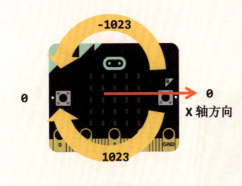

➢ 将"小微"静止竖立在桌面上,则 X 轴方向上的加速度为 0。
➢ 顺时针旋转,则 X 轴的分量逐渐增大,旋转 90°后达到最大值(1023),继续旋转数值变小,旋转 180°后数值回到 0。
➢ 逆时针旋转,则 X 轴的分量逐渐减小,旋转 90°后达到最小值(-1023),继续旋转数值变大,旋转 180°后数值回到 0。

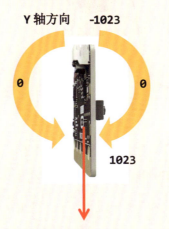

➢ 将"小微"静止竖立在桌面上,则 Y 轴方向上的加速度为 1023。
➢ 向前或向后倾倒,则 Y 轴的分量逐渐减小,直至"小微"完全与桌面平行,此时 Y 轴的分量为 0。
➢ 继续倾倒,则 Y 轴的分量变为负值,直至完全倒立,此时 Y 轴的分量为 -1023。

➢ 将"小微"正面朝上,水平放置在桌面上,则 Z 轴方向上的加速度为 -1023。
➢ 将其逐渐竖立起来,则 Z 轴的分量逐渐增大,直至完全竖立,此时 Z 轴的分量为 0。
➢ 将正面朝下逐步放倒,则 Z 轴的分量逐步增大,直至完全背面朝上的水平放置,此时 Z 轴的分量为 1023。

第 10 章　我的状态你知道

 此水平仪只能测试一个方向,改造本程序,使其既能测量横向上的情况,也能测量竖直方向上的情况。

思考题

金属探测器

　　金属探测器在军事上可用于探测金属地雷;在安全领域可以探测随身隐藏的作案工具;在考古方面,还可以探测埋藏在地下的宝藏;等等。所有磁性的物质都能改变其周围的磁场,利用这个特性,用"小微"内置的磁力传感器就可以制造一个简易的金属探测器。

 项目结构图

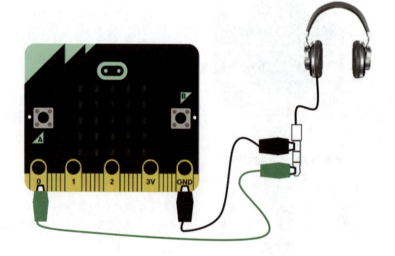

搭建过程

 动手写一写

Python

```python
1.  from microbit import *
2.  import music
3.
4.
5.  def polt_bar_graph(min_, max_, value_):
6.      img0 = Image("00900:99999:99999:99999:99999")
7.      img1 = Image("09990:99999:99999:99999:99999")
8.      img2 = Image("99999:99999:99999:99999:99999")
9.      imgs = [img0, img1, img2]
10.     display.clear
```

```
11.        max_ = max_ - (max_ - min_) // 15
12.        value_ = round(15* (max(min(value_, max_), min_) - min_)//(max_ - min_),0)
13.        if value_ > 0:
14.            display.show(imgs[((value_ + 2)%3)].shift_down(4 - ((value_ - 1)//3)))
15.
16.
17.    compass.calibrate()
18.    while True:
19.        value = compass.get_field_strength()
20.        value = max(440,min(1000,value//100))
21.        music.pitch(value,200,wait = False)
22.        polt_bar_graph(440,1000,value)
23.        sleep(100)
24.
```

代码解说

1. 先来看程序的主要部分第 17~23 句。第 17 句调用指南针的校准程序 calibrate() 校准指南针。
2. 第 18~23 句是一个永久循环,其功能是反复测试当前周围的磁场强度,然后以图像的形式显示出来。第 19 句采用 get_field_strength() 方法获得当前磁场的强度,并将其存储在变量 value 中。除了 get_field_strength() 方法外,指南针还有其他的方法可供使用,具体可见下表:

micro:bit 知识

● 磁力传感器的其他功能

方法	介绍
compass.get_field_strength()	获得当前磁场的强度
compass.is_calibrated()	如果校准完毕返回 True,否则返回 False
compass.clear_calibration()	撤销校准,使指南针处于未校准状态
compass.get_x()	读取 X 轴上的值,根据方向的调整,可能会得到正或负的整数
compass.get_y()	读取 Y 轴上的值,根据方向的调整,可能会得到正或负的整数
compass.get_z()	读取 Z 轴上的值,根据方向的调整,可能会得到正或负的整数

3. 第 20 句,由于获取的磁场强度的范围比较宽,所以在此先将其整除 100,然后采用 max(下限, min(上限, 值))的公式,将其限定在(440,1000)内。
4. 第 21 句是调用音乐对象的 pitch(),以非阻塞的方式来播放某一频率的声音。所以当周围磁场发生变化的时候可以在耳机里听到音调的变化。这里直接使用了 value 变量的值作为声音的频率值。
5. 第 22 句是调用 polt_bar_graph(min_, max_, value) 函数来显示出当前的磁场强度。此函数并不是 Python 所内置的,而是在第 5~14 句自定义的,其功能效果是:

第 10 章　我的状态你知道

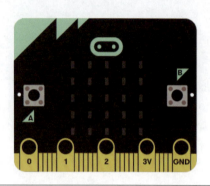

➢ 以柱状图的形式显示数值的大小，value 参数所带来的数值越高，灯柱就越宽越高。
➢ min_、max_ 两个参数用于限定柱状图的最小值和最大值。

 阅读并尝试理解 polt_bar_graph(min_, max_, value)函数的功能。

思考题

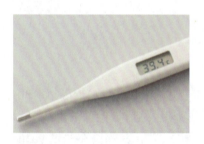

电子温度计

温度是在日常生产和生活中经常接触到的物理量，但仅凭感觉只能估计出大概的温度值。使用传统温度计虽然能得到温度值，但需要人工读取其上面的刻度值，不够直观。在"小微"的芯片里内置了温度传感器，可让"小微"变身为一款电子温度计，这样人们便可以直观地看到温度值了。

 动手写一写

Python

```python
1. from microbit import *
2.
3. while True:
4.     display.scroll(str(temperature()))
5.     sleep(100)
6.
```

块语言

 代码解说

1. 整个程序就是一个永久循环，不断读取温度值并显示。
2. 第 4 句调用了内部函数 temperature()获取当前温度值，并使用 str()函数将数值量转换为字符串，再用 display.scroll()方法予以显示。

 micro:bit 知识

● 温度传感器
在"小微"的处理器芯片里内置了温度传感器，使用 temperature()函数就可获取当前的温度值(摄氏度)。

第 10 章 我的状态你知道

注意：
由于温度传感器藏在处理器芯片中，芯片在运行过程中会产生一点热量，所以读取到的温度值会比实际的环境温度值略微高一点。

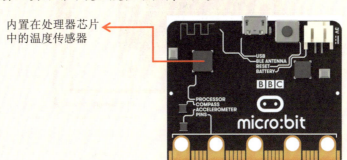

内置在处理器芯片中的温度传感器

思考题

搭建一个装置，使之能测量并记录一天中室内温度的变化数据，并使用 Excel 或 WPS 表格之类的数据处理软件进行分析，画出温度变化的曲线图。
（温度值的记录可使用 print() 函数将其打印在 Mu 的 REPL 窗口中，然后再复制到数据处理软件中进行分析）

更精确的温度计

利用"小微"内置的温度传感器所制作的温度计会出现测量值与实际值存在偏差的情况。通过"小微"底部引脚连接外部高精度温度传感器将会得到更加准确的数据。

 项目结构图

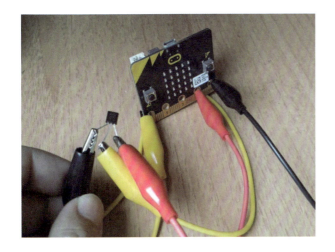

材料表

1. micro:bit 1 块
2. 温度传感器(TMP36) 1 个
3. 鳄鱼夹线 3 根

搭建过程

第 10 章　我的状态你知道

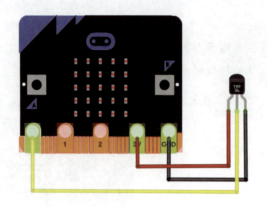

Python

```python
from microbit import *

while True:
    raw = pin0.read_analog()* (3300/1023)
    temp_c = (raw- 500)/10
    display.scroll(str(temp_c))
    sleep(1000)
```

块语言

代码解说

1. 第 4 句使用 pin0.read_analog() 读取引脚 0 上的模拟电压值,其值的范围是 0～1023。当读取到 1023 时,实际读取的电压值为 3.3 V(即 3300 mV);当读取到 0 时,实际读取的电压值为 0 V。所以采用公式 pin0.read_analog()* 3000/1023 就可以得到当前从引脚 0 上读到的电压值,并将其存放在变量 raw 中。

micro:bit
知识

● 引脚的输入输出函数

"小微"的底部有 22 个引脚,其中有 19 个能连接其他外部设备并与之通信。最常用的是编号为 0,1,2 的引脚,已经分别被预先定义为 pin0、pin1、pin2。无论采用的是数字信号还是模拟信号,这三个引脚既能用于输出信息也能用于输入信息。

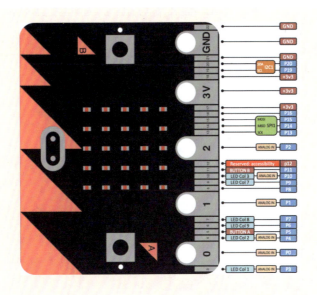

方法	介绍
is_touched()	如果引脚被手指触碰,则返回 True,否则返回 False
read_digital()	如果引脚输入了高电平,则返回 1,否则返回 0
write_digital(val)	如果 val 为 1,则在引脚上输出高电平;如果 val 为 0,则输出低电平
read_analog()	读取引脚上的模拟电压(0~3.3 V)并将其转换为 0~1023 之间的数值
write_analog(val)	以 PWM 方式输出模拟电压。输入的参数 val 为 0~1023 之间的数值,在引脚就可以得到 0~3.3 V 之间的模拟电压

2. TMP36 是一种温度传感器,当其工作时,外界环境温度与其输出的电压存在如下图所示的关系:

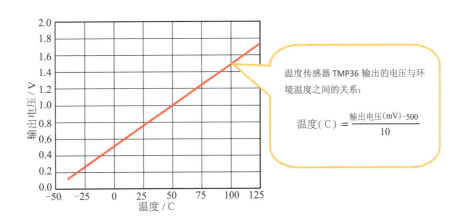

温度传感器 TMP36 输出的电压与环境温度之间的关系:

$$温度(℃) = \frac{输出电压(mV) - 500}{10}$$

3. 第 5 句是利用此公式将读取到的电压值转变成对应的摄氏温度值。第 6 句就是将得到的摄氏温度值显示在"小微"屏幕上。同时第 7 句让程序停留 1 秒,之后再循环进行测试。

第 10 章 我的状态你知道

思考题

搭建一个装置,使之能测量并记录一天中室外的温度变化情况,并使用 Excel 或 WPS 表格之类的数据处理软件进行分析,画出温度变化的曲线图。

第 11 章 关于时间

秒表

在体育比赛中，秒表是最常用的计时工具，精确的秒表为比赛的公平公正提供了保障。体会一下自己制作秒表所带来的乐趣吧，让"小微"变身为秒表小战士，将你制作的秒表与体育老师手中的做一个对比，检测你的秒表是否精确。

动手写一写

Python

```
1.  from microbit import *
2.
3.  display.scroll("press button A to start",wait = False, loop = True)
4.  while not button_a.was_pressed():
5.      sleep(100)
6.  start_time = running_time()
7.  while True:
8.      t = running_time() - start_time
9.      second = t//1000% 60
10.     display.show(Image.ALL_CLOCKS
                [second//5])
11.     if button_b.was_pressed():
12.         break
13. minute = t//1000//60
14. milli_second = t% 1000
15. display.scroll(str(minute) + ":" + str(second) + "." + str(milli_second), loop = True)
16.
```

块语言

代码解说

1. 第 3 句滚动显示文字:"press button A to start"。
2. 第 4、5 句是一个循环等待，只有当按钮 A 被按下时程序才继续向下运行。
3. 第 6 句定义了一个变量 start_time，并将 running_time()函数返回的值赋给它。

第11章 关于时间

micro:bit 知识

● running_time()函数
调用running_time()能够返回一个整数,表示从开机或重启至今"小微"一共运行了多少毫秒。通常将前后两次执行该函数后得到的数值相减,就可以得到此期间所消耗的时间。

4. 第7~12句是一个永久循环,其作用是不断地获取当前流逝的时间,并将其转换为LED屏幕上显示的指针。

5. 第8句使用变量t存放running_time()返回的值和start_time之间的差,即从按下按钮A后到现在所流逝的毫秒数。

6. 第9句求得t整除1000然后再取除以60所得的余数,就得到了秒表的秒数值并将其存放在变量second中。

7. 第10句中的Image.ALL_CLOCKS是Image对象中的一个列表,里面存放有12个图像,分别是从0点到11点这12个时钟指针位置的图像。取以second整除5为下标的图像就得到了该秒值对应的12个图像中的一个,此图像便可使用display.show()显示出来。这样就实现了每过5秒显示出当前秒针大致位置的作用。

Python 知识

● 算术运算符
下表为算术运算符,实例中变量a为5,b为2。

运算符	含义	说明	实例
+	加法	两数相加	a + b 输出结果为 7
-	减法	两数相减	a - b 输出结果为 3
*	乘法	两数相乘	a * b 输出结果为 10
/	除法	两数相除	a / b 输出结果为 2.5
%	取余	两数相除后的余数	a % b 输出结果为 1
//	取整除	两数相除后商的整数部分	a // b 输出结果为 2
**	幂	返回x的y次幂	a ** b 表示5的2次方,结果为25

8. 第11、12句用于判断按钮B是否被按下,如果被按下,则跳出永久循环,然后从第13句开始执行。

9. 第13、14句分别计算出所用的分钟部分的值和毫秒部分的值,并将他们分别存放在变量minute和milli_second中。

10. 第15句是将所消耗的时间采用"分钟:秒.毫秒"的形式滚动在屏幕上,首先需要将存储分钟、秒、毫秒的变量使用str()函数将数值转换为字符串,然后按照上面的形式拼接出相应的字符串。

Python 知识

● 字符串操作

下表实例中变量 a 为字符串 "Hello"，变量 b 为字符串 "Python"：

运算符	运算	举例	结果
+	字符串连接	a + b	"HelloPython"
*	重复输出字符串	a * 2	"HelloHello"
[ ]	通过索引获取字符串中字符	a[1]	"e"
[:]	截取字符串中的一部分	a[1:4]	"ell"

思考题

让小车从斜坡的某一高度自然下滑，用尺测出小车滑过的距离。设计一个装置用"小微"测量出小车在此期间所用的时间，由此推算出小车行驶的平均速度，并将它显示在"小微"的 LED 屏幕上。

第 12 章　连接你和我

无线电

无线电技术正在改变人类的生产和生活方式，在广播、铁路、民航、航天、气象、渔业等很多行业，无线电技术发挥着关键的作用。"小微"内置无线电芯片可以用来发送和接收消息。

动手写一写

Python

```
1.  from microbit import *
2.  import radio
3.
4.  radio.on()
5.  message = "Hello, how are you?"
6.
7.  while True:
8.      if button_a.was_pressed():
9.          radio.send(message)
10.     incoming = radio.receive()
11.     if incoming == message:
12.         display.scroll(incoming)
```

块语言

代码解说

1. 广播实验至少需要 2 块 micro:bit 开发板，1 块用于发送广播消息，其余的用于接收消息。
2. 第 4 句打开广播，在 Python 环境中，使用广播前必须先导入 radio 模块。
3. 第 5 句定义了变量 message，用于存放广播消息的内容。
4. 第 8、9 句如果 按下按钮 A，则发送广播消息（message）。
5. 第 10 句用变量 incoming 存放接收到的消息。
6. 第 11、12 句 如果接收到的消息与变量 message 的值相同，则滚动显示收到的消息。
7. 为了能成功发送和接收信息，需要将第 8～12 句反复地运行，所以将这块语句放到永久循环 while True:内部，让它们周而复始地执行。
8. 可以根据广播使用的实际需要进行配置，对广播频道、功率、消息长度、最大队列数、数据速率进行设置。比如：在第 5 句后添加代码 radio.config(channel=0,power=1)，频道号码设置为 0，功率级别设置为 1。

第 12 章　连接你和我

micro:bit
知识

- radio 对象常用的方法

radio 对象常用的方法如下表所示：

方法	说明
radio.on()	打开广播
radio.off()	关闭广播，释放内存
radio.send(str)	发送消息，用 send 函数广播 str 中的内容
radio.receive()	接收消息。随着消息被接收，它们被放置在消息队列中。receive 函数以字符串的形式从队列中返回最旧的消息，为新的传入消息留出空间
radio.config(channel = n)	将频道号码设置为 n。如果只想在一组设备中共享消息，组中的每个"小微"必须配置相同的频道号。频道号码必须是 0~100 之间的数字
radio.config(power = n)	将功率级别设置为 n。默认情况下，消息无法传输得很远。功率级别可以是 0~7 之间的值

尝试设置频道号，实现分组无线电广播；设置功率级别，控制广播距离的范围。

思考题

萤火虫

　　萤火虫用光作为载体传递信息，大多按照其同类特有的模式来闪光，从而使它们能够识别同类成员并辨别出异性成员。使用"小微"的无线电模块，模拟一群萤火虫的信号。

　　动手写一写

Python

```
1.  from microbit import *
2.  import radio
3.  import random
4.
5.  flash = [Image().invert()*(i/9) for i in range(9, -1, -1)]
6.  radio.on()
7.
8.  while True:
```

第12章 连接你和我

```
9.    if button_a.was_pressed():
10.       radio.send("flash")
11.   incoming = radio.receive()
12.   if incoming == "flash":
13.       sleep(random.randint(50, 350))
14.       display.show(flash,delay = 100,wait = False)
15.       if random.randint(0,9) == 0:
16.           sleep(500)
17.           radio.send("flash")
18.
```

代码解说

1. 第5句定义了列表 flash 用于存放不同亮度的图像。这里综合运用了 Image 的功能及生成器表达式：

   （1）调用 Image()可以产生图像 Image('00000:00000:00900:00000:00000')。

   （2）调用 Image().invert()将该图形进行反转,于是得到了图像 Image('99999:99999:99999:99999:99999')。

   （3）*(i/9)产生亮度为(i/9)的图像。

   （4）整体是列表解析,从其后的 for i in range(9,-1,-1)可知,可以得到一个亮度分别为9,8,7,6,5,4,3,2,1,0 的相同图像列表。

Python 知识

● **列表解析**

列表解析是 Python 迭代机制的一种应用,它常用于实现创建新的列表,因此用在[]中。

[表达式 for 变量 in 序列]

举例：产生一个 1~10 范围内所有整数的平方的列表：
  [i* * 2 for i in range(1,11)]
→
  [1, 4, 9, 16, 25, 36, 49, 64, 81, 100]

[表达式 for 变量 in 序列 if 条件]

举例：产生一个 1~20 内所有的奇数：
  [i for i in range(1,21) if i% 2! =0]
→
  [1, 3, 5, 7, 9, 11, 13, 15, 17, 19]

2. 第13句用 随机函数控制暂停时间,random.randint(50, 350),随机生成一个 50~350 之间的整数（包括 50 和 350）。random.randint(low, hight)函数:能产生一个在[low,hight]之间的随机

整数。

3. 第 14 句是 显示闪烁效果的代码，使用 `display.show()` 显示了列表 `flash` 中的每一帧图像，每一帧的延时为 100 毫秒。
4. 第 15~17 句，接收端完成显示闪烁效果之后会生成一个 0~9 之间的随机数，当随机数为 0 时，接收端变为发送端，再次发出广播信息。
5. 第一次广播需要手动按 A 键发送，多块"小微"一起使用的情况下，能看到萤火虫自动连续闪烁的效果。

思考题

1. 实现几个萤火虫经一次触发后，自动连续闪烁的动画效果。
2. 设计一个校园环境温度监测方案，按小组分别监测教室、操场、天台、绿化区、周边马路、蔬菜大棚等环境的气温。在这些地点安放"小微"采集数据，并用无线电广播实时传送共享数据，其他小组可以使用"小微"接收数据，使之能对比同一时间不同环境的温度，并用 WPS 图表功能分析温度变化。

第 13 章　测试你的反应力

反应力测试

曾有研究表明：反应力越强的人寿命越长。我们可以使用反应速度（人对信号刺激做出反应所需的时间）来评定一个人反应力的强弱。动手搭建一个简单装置，"小微"就能测试你的反应力。

 项目结构图

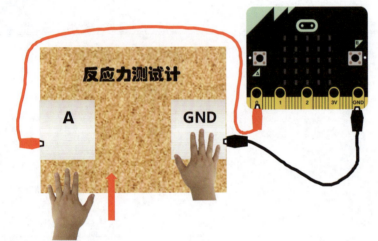

> 右手先放在连接 GND 的铝箔上。
> 程序开始后屏幕上会出现"Ready?"，提示准备开始。
> 当屏幕上出现字母"G"时立刻用左手触碰连接 Pin0 的铝箔 A，此时屏幕上就会出现反应时间。
> 如果提前触碰了铝箔 A，则是犯规，显示一张哭脸。
> 按下按钮 A 重新开始测试。

 项目搭建

材料表

1. micro:bit 1 块
2. 硬纸板 1 块
3. 鳄鱼夹线 2 根
4. 铝箔若干
5. 双面胶若干

工具

剪刀

搭建过程

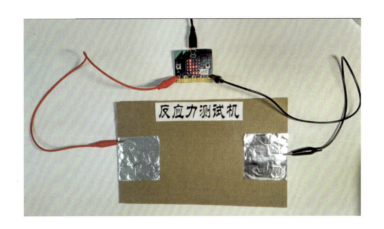

动手写一写

Python

```python
from microbit import *
import random

while True:
    foul = False
    display.scroll("Ready?")
    delay = random.randint(5000, 10000)
    start = running_time()
    while (start + delay) > running_time():
        if pin0.is_touched():
            display.show(Image.SAD)
            foul = True
    if not foul:
        start = running_time()
        display.show("G",wait = False)
        while not pin0.is_touched():
            pass
        end = running_time()
        display.scroll(str(end - start))
    display.scroll("press button A and try again", wait = False, loop = True)
    while not button_a.is_pressed():
        pass
```

代码解说

1. 整个程序是一个永久循环,每循环一次就是一轮新的测试。

第 13 章　测试你的反应力

2. 第 5~8 句用于完成测试前的准备工作：

   第 5 句,定义了变量 foul 用来记录当前是否犯规,初始的情况下是未犯规,即 False。

   第 6 句,显示出"Ready?"提示你要准备开始测试了。

   第 7 句,产生一个范围在 5~10 秒之间的一个随机等待时间,并存储在变量 delay 中。

   第 8 句,用变量 start 记录下当前程序开始的时刻。

3. 第 9~12 句是循环判断,在测试未开始的情况下不停地判断是否犯规。

   第 9 句,不断用开始时刻(程序开始时刻 + 等待时间)与当前时刻做比较,如果时间未到,则不断地进行是否犯规的判断。

   第 10~12 句,用于判断 Pin0 是否被触碰,如果被触碰,则显示哭脸,并且将犯规标志(foul)设置为 True,这个变量在第 5 句已经被初始化为 False。

4. 第 13~19 句用于测试反应速度。显然,如果 foul 不为 True(未在上面的犯规检测中被设置为 False),那么这一段代码就可以被执行。

   第 14、15 句,将计时开始的时刻记录在变量 start 中,并显示字母"G",表明测试开始。

   第 16、17 句,采用循环,不断地判断 Pin0 是否被触碰。

   第 18 句,如果程序能运行到此,则一定是触碰了 Pin0,此时用变量 end 记录下当前的时刻。

   第 19 句,显示出从计时开始的时刻(记录在 start 中)到触碰 Pin0 的时刻(记录在 end 中)之间的时差,也就是你的反应速度(毫秒)。

5. 第 20 句,当一轮测试结束之后就在屏幕上给用户一个提示信息"press button A and try again"(按下按钮 A 重新开始测试)。

6. 第 21~22 句是一个循环判断,不断判断按钮 A 是否被按下,如果没被按下,则反复地执行 pass 语句;如果按下了,则跳出循环进入外围的大循环中,开始新一轮的测试。

思考题

1. 通过改造此程序增加测试的复杂程度,综合测试你的反应速度:将 Pin0、Pin1、Pin2 分别连接到标注为 A、B、C 的三张铝箔上,而让"小微"在 A、B、C 三个字母中随机挑选 1 个字母显示在屏幕上,以此指明你所要触碰的铝箔。如果碰错,则犯规;如果触碰正确,则显示反应速度。

2. 常说某人有"时间感",指的是这类人对时间很敏感,能在不依赖钟表等计时工具的情况下感知时间流逝。你是一个有时间感的人吗？在本项目的基础上设计一个程序,测试你的"时间感"强不强,要求如下：

   (1) 屏幕上随机显示出需要你预测的时间长度,范围在 20~30 秒之间。

   (2) 你触碰一下铝箔 A,表示开始预测。

   (3) 当觉得时间到了的时候再次触碰铝箔 A,结束预测。

   (4) 让"小微"告诉你预测的时间与要求时间之间的差距(毫秒),正数为比需要预测的时间来得快,负数则是来得慢。让我们来比比谁的时间感更强！

第 14 章　不可触碰

不可触碰

这是一款考验耐心和手眼协调能力的游戏，用金属丝绕成迷宫，用一支一头是圆环的带电小棒从迷宫的起点开始，让圆环在不触碰迷宫铁丝的情况下移动到另外一端就算胜利。比一比，看看谁用的时间最短吧！

项目结构图

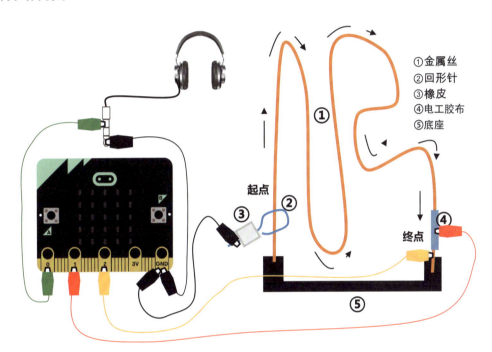

项目搭建

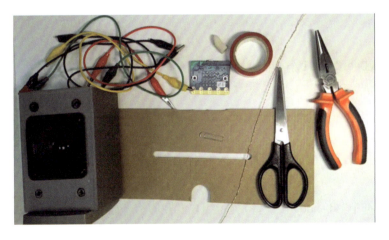

材料表

1. micro:bit 1 块
2. 耳机/喇叭 1 个
3. 鳄鱼夹线 5 根
4. 回形针 1 根
5. 橡皮 1 块
6. 铜丝/铁丝 30 cm
7. 硬纸板（底座）
8. 电工胶布若干

工具

尖嘴钳、剪刀

61

第 14 章 不可触碰

搭建过程

 动手写一写

Python

```python
1.  from microbit import *
2.  import music, random
3.
4.  display.scroll('Standby')
5.  sleep(random.randint(1000, 3000))
6.  display.scroll('Go! ', wait = False)
7.  start_time = running_time()
8.
9.  while True:
10.     if pin1.is_touched():
11.         current_time = running_time()
12.         t = current_time - start_time
13.         display.scroll('Win! Time:' + str(t/1000), wait = False, loop = True)
14.         music.play(music.PRELUDE*5)
15.         break
16.     if pin2.is_touched():
17.         display.scroll('GameOver', wait = False, loop = True)
18.         music.play(music.POWER_DOWN)
19.         break
20.
```

 代码解说

1. 第 4～7 句,显示一个字符串"Standby"(预备)提示用户游戏即将开始,然后再随机地暂停 1～3 秒,之后以非阻塞方式显示"Go!"(开始),用变量 `start_time` 记录下当前游戏开始的时刻。

2. 主程序是一个永久循环,在循环体中不断地进行两个条件的判断:是否碰到了迷宫?(第 10 句)是否碰到了终点?(第 16 句)

3. 如果碰到了终点(满足第 10 句的条件),则分别执行如下语句:

   第 11 句,使用变量 current_time 记录下当前的时刻。

   第 12 句,使用变量 t 记录下游戏开始时刻与当前时刻的差,也就是穿越迷宫所用的毫秒数。

   第 13 句,采用循环且非阻塞的方式显示一个字符串"Win! Time:所用毫秒数"。

   第 14 句,播放音乐 PRELUDE 五遍。

   第 15 句,退出永久循环,游戏结束。

4. 如果碰到了迷宫(满足第 16 句的条件),则分别执行如下语句:

   第 17 句,采用循环且非阻塞的方式显示一个字符串"GameOver"。

   第 18 句,播放音乐 POWER_DOWN。

   第 19 句,退出永久循环,游戏结束。

思考题 依据这个游戏的原理设计一个门窗防盗警报装置。如果门或窗被无端打开的时候报警,且装置能够发出警报声并闪烁,同时使用无线电功能向其他"小微"发出警报信息。设计出装置的结构并写出程序。

第 15 章　像素游戏之平衡球

平衡球

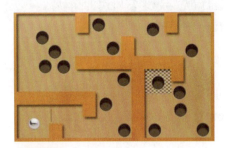

平衡球是一款体感游戏，依靠不断调整迷宫倾斜的角度，让迷宫中的小球绕过各种障碍，最终掉落到目标洞里。我们用"小微"屏幕上的 LED 灯分别代表小球和洞，用加速传感器感知倾斜角度让球"入洞"。当球进洞后，新的洞会随机出现在其他不同的地方，程序总共设定了 10 个球洞，完成后显示出总共的用时。

 动手写一写

Python

```python
1.  from microbit import *
2.  import random
3.
4.
5.  def get_readable_time(dtime):
6.      hour = dtime // 1000 // 3600
7.      minute = dtime // 1000 % 3600 // 60
8.      second = dtime // 1000 % 3600 % 60
9.      millisecond = dtime % 1000
10.     return "% d:% d:% d.% d" % (hour, minute, second, millisecond)
11.
12.
13. ball_x = 2
14. ball_y = 2
15. hole_x = 0
16. hole_y = 0
17. hole_count = 10
18. current_time = running_time()
19. start_time = running_time()
20. while True:
21.     display.set_pixel(ball_x, ball_y, 0)
22.     x = accelerometer.get_x()
23.     y = accelerometer.get_y()
24.
25.     if abs(x) > 30:
```

```
26.            ball_x = max(0, min(ball_x + x // abs(x), 4))
27.        if abs(y) > 30:
28.            ball_y = max(0, min(ball_y + y//abs(y), 4))
29.        display.set_pixel(ball_x, ball_y, 9)
30.        sleep(200)
31.
32.        if (hole_x == ball_x) and (hole_y == ball_y):
33.            hole_x = random.randint(0, 4)
34.            hole_y = random.randint(0, 4)
35.            hole_count -= 1
36.            if hole_count == 0:
37.                break
38.        display.set_pixel(hole_x, hole_y, 4)
39.    current_time = running_time()
40.    display.scroll("Score:" + get_readable_time(current_time - start_time), loop = True)
41.
```

代码解说

1. 第 13、14 句定义了球所在的行和列的初始位置。

2. 在永久循环(第 20 ~ 38 句)的内部：
   第 21 句，先清除当前球的显示。
   第 22、23 句，从加速度传感器获取当前加速度的 **x** 分量和 **y** 分量。如果 **x** 为正数则表示"小微"向右倾，为负数则表示向左倾斜。如果 **y** 为正数表示"小微"向后倾，为负数则表示向前倾。
   第 25 ~ 28 句，将从加速度传感器所获取的数值转换为小球的运动。无论向左还是向右，第 25 句用于判断其幅度是否大于 30。如果大于则要考虑改变球的 **x** 方向的位置。这里巧妙运用了"**ball_x + x // abs(x)**"这一表达式换算出小球应该是向左还是向右移动 1 格。同样，第 27、28 句则是确定小球是向上还是向下移动 1 格。这里采用了 max(下限, min(值，上限))来限定小球不能超出屏幕的边界。

3. 小球的位置更新后就要考虑将小球显示出来了，第 29 句将小球用最高的亮度级别(9 级)显示出来，第 30 句让其在屏幕上停留 200 毫秒。

4. 第 32 ~ 37 句是判断小球入洞的代码。
   第 32 句判断球的坐标与洞的坐标是否一致。洞的坐标存放在变量 hole_x 和 hole_y 中，其已在第 15、16 句定义好了，初始情况下是(0,0)的位置。
   第 33、34 句，当球入洞之后随机产生新的洞的位置。
   第 35 句让存放在变量 hole_count 内的剩余球洞的数量减 1。这个变量已经在第 17 句定义好了，初始值是 10。
   第 36 句用于判断游戏是否结束，即判断当前洞的数量是否已经减少到零。如果为零，就可以跳出永久循环(第 37 句)直接去运行第 39 句了。

5. 在循环体的末尾(第 38 句)，无论在循环体内是否更新过洞的位置，还是需要把洞的位置再次地显示出来。

6. 第 39 句是跳出永久循环后的第一个语句。它的作用是调用 running_time()函数将当前的时间存放在变量 current_time 中。

7. 第 40 句用于显示成绩。这里产生一个字符串包含了"score:"(得分)和所用时间。所用时间是由 current_time 减去 start_time 而来的。start_time 在第 19 句就被定义了,存储了进入游戏时的时刻,而两者之差就是游戏所用的毫秒数。

8. 用毫秒数来表示显得不够人性化,游戏者更希望看到的是这样的格式:小时:分钟:秒.毫秒。所以第 5～10 句定义了一个便于人性化显示时间的函数 get_readable_time()。前面已经接触过各种各样的函数,这些函数都是内置的,也就是说它们已经预先被定义了。我们也可以自己来定义函数。

Python
知识

- **自定义函数**

函数是可以重复使用的程序段,你可以给一块语句定义一个名称(函数名),称为定义函数,然后在后面程序的任何地方使用这个块语句任意多次,这被称为**函数调用**。在前面的项目中已经调用过许多内置的函数,比如 abs()和 range()等。而自建一个函数则需要事先进行定义,定义函数的结构如下:

```
def 函数名(参数):
    函数体内的语句块
    return 返回值
```

(1) 通过 def 关键字定义函数。def 关键字后跟的是这块语句的名称,即函数名,然后跟一对圆括号。圆括号中可以包括一些变量名,称为**参数**,最后以冒号结尾。接下来缩进的是一整块语句,它们称为**函数体**,就是被定义为函数的程序段部分。

(2) 函数可以有多个参数,也可以没有参数。参数对于函数而言相当于是给函数的输入。

(3) return 语句用于从函数中返回,即跳出函数。也可跟一个值,相当于这个函数输出一个值。

(4) 当在函数定义内声明变量的时候,如果它们与函数外的变量具有相同的名称也是可以的,即变量名称对于函数来说是局部的。

9. 第 5～10 句就定义了这样一个函数:函数名是 get_readable_time,参数只有一个,称为 dtime。函数的功能是将 dtime 所带来的毫秒数转换为便于阅读的字符格式。

第 6 句将毫秒数整除 1000 得到秒的部分,然后再整除 3600 得到小时数的部分。

第 7 句将毫秒数整除 1000 后再除以 3600,取余后再整除 60,得到除去小时后的分钟数。

第 8 句得到除去小时、分钟后的秒数。

第 9 句取得最后剩余的毫秒数。

第 10 句返回一个字符串。这个字符串的格式是:小时:分钟:秒.毫秒。

第15章　像素游戏之平衡球

Python 知识

● 字符串的拼接

字符串除了可以用"+"运算串联形成一个新的字符串之外，还可以用以下方法予以拼接，如：

```
n = 3
fruit1 = 'apples'
fruit2 = 'bananas'
fruit3 = 'pears'
str = 'There are %d fruits on the table. %s, %s and %s.'
      %(n, fruit1, fruit2, fruit3)
```

得到的变量 str 就是'There are 3 fruits on the table. apples, bananas and pears.'，在这句语句中，%d 对应于变量 n，第一个%s 对应于变量 fruit1，第二个%s 对应于变量 fruit2，第三个%s 对应于变量 fruit3。程序执行的时候，就按照这样的顺序逐个替代字符串中的%？，从而产生一个新的字符串。

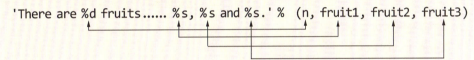

思考题

依据此游戏的原理设计一个走迷宫游戏。游戏中设计一些"障碍物"，如下图所示。你控制的"小球"从起点出发，必须绕过这些"障碍物"最终到达"出口"。期间不能碰到"障碍物"或超出地图的边界，否则游戏失败，游戏结束后显示出所用的时间。

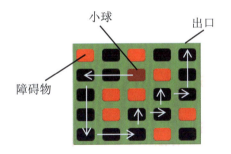

第16章　像素游戏之猴子接香蕉

猴子接香蕉

猴子接香蕉的游戏你一定玩过，香蕉从不同的位置掉落下来，而你则控制着猴子在地面上移动，当猴子没接住落下的香蕉时游戏失败。让我们用"小微"来实现这个游戏吧。

动手写一写

Python

```python
1.  from microbit import *
2.  import random
3.
4.  x = 2
5.  b_x = 0
6.  b_y = 0
7.  step = 1
8.  speed = 5
9.  count = 0
10. while True:
11.     if button_a.was_pressed():
12.         x = max(0, min(x - 1, 4))
13.     if button_b.was_pressed():
14.         x = max(0, min(x + 1, 4))
15.     display.set_pixel(x, 4, 9)
16.     display.set_pixel(b_x, b_y, 5)
17.     sleep(200)
18.     display.set_pixel(x, 4, 0)
19.     display.set_pixel(b_x, b_y, 0)
20.     step += 1
21.     if step % speed == 0:
22.         b_y += 1
23.     if b_y == 4 and b_x == x:
24.         b_y = 0
25.         b_x = random.randint(0, 4)
26.         count += 1
```

```
27.          if count % 5 ==0:
28.              speed -= 1
29.          continue
30.      if b_y == 5:
31.          break
32. display.scroll("Game Over")
33.
```

代码解说

1. 第4句定义了一个变量 x, 用于记录当前猴子所在的位置, 初始状态下它在屏幕的第 2 列(中间)。显然猴子只能待在地面, 所以横向上它可以在第 0~4 列之间移动, 而纵向上却只能限定在第 4 行上, 所以记录猴子的位置只需要用一个变量就可以。

2. 第5、6句定义了变量 b_x、b_y, 用于记录当前香蕉所在的位置。初始状态下将它设定在(0,0)的位置, 之后香蕉可以随机地出现在第 0 行第 n 列(0≤ n≤4)。

3. 第 10 句是一个永久循环, 当跳出这个循环就意味着游戏结束, 所以第 32 句就是游戏结束后的出口, 显示"GameOver"。

4. 在循环体的内部, 第 11~14 句是用于控制猴子位置的代码: 当按下按钮 A 时, x 的值要减去 1, 即向左移动 1 格; 当按下按钮 B 时, x 的值要加上 1。由于猴子不能够跑出屏幕之外, 所以要用限定公式: max(下限, min(值, 上限)), 确保它在 0~4 之间。

5. 第 15~19 句用于显示猴子和香蕉的位置。第 15 句显示出猴子的位置(x,4), 第 16 句显示出香蕉的位置(b_x,b_y), 之后暂停 200 毫秒。然后第 18、19 句是将它们清除, 为下一次猴子和香蕉的位置更新后重新显示而做准备。

6. 每次显示香蕉和猴子新位置的最短间隔是 200 毫秒, 如果香蕉也按照这个速度改变位置, 猴子一定是无法接住它们的, 所以香蕉位置变化的速度一定要慢于 200 毫秒, 甚至是 200 毫秒的数倍。只有这样, 在香蕉下落的过程中不断按下按钮 A 或按钮 B 才能迅速地改变猴子的位置。为此在第 7 句定义了变量 step, 初始值为 1。第 20 句是让 step 每次循环时增 1, 第 21、22 句是一个判断, 当 step 除以 speed 的余数为 0 的时候香蕉才下落一格。这里的 speed 变量在第 8 句的时候被初始化为 5, 也就是说每当 step 是 5 的倍数的时候香蕉才下落一格, 从时间上来说就是每(200 * 5 = 1000 毫秒)1 秒下落一格, 而这个过程中猴子最多可以改变 5 次位置。

7. 第 23 句用于判断猴子是否接住了香蕉。判断是否同时满足两个条件: 一是当前香蕉的位置在最后一行, 二是猴子和香蕉在同一列上。

8. 当香蕉被接住后, 就要设置一个新的香蕉的位置(第 24、25 句), 即确定新的香蕉出现在第 0 行第 0~4 列之间的随机一列上。第 26 句则将变量 count 增 1, count 用于记录当前被接住的香蕉数, 在程序第 9 句被定义, 初始值为 0。

9. 为了逐步给游戏增加难度, 接住的香蕉越多, 香蕉下落的速度就越快, 为此第 27、28 句就起到了加速游戏的作用。具体做法是: 判断 count 是否是 5 的倍数(第 27 句), 如果是, 则 speed 减去 1。在前面的解释中已经提道: speed 变量用于控制香蕉下落的速度, speed 越小, 下落的速度越快。所以这两句就可以理解为第一次接下 5 个香蕉后, 香蕉的下落速度就变为: 200 毫秒 * 4 = 800 毫秒一格, 再接下 5 个香蕉后变为 200 毫秒 * 3 = 600 毫秒一格……第 29 句则是跳转到循环

第 16 章　像素游戏之猴子接香蕉

的开始位置,进行下一个循环。

10. 第 30 句用于判断游戏是否结束,也就是当香蕉的位置下落到第 5 行的时候,就在第 31 句跳出循环。

思考题

将这个游戏改造成赛车游戏。效果是:同时有两三辆"赛车"出现在赛道(0~4 列)上,并且逐渐从第 0 行移动到第 4 行,而你用按钮 A、按钮 B 控制着第 4 行上的"你的赛车"避开这些赛车。如果碰到,则游戏结束。随着超越的赛车越来越多,游戏速度也会越来越快,最后的得分就是超越的赛车的数量。

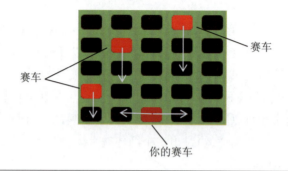

附录一　micro:bit 内置的对象及函数

对象	方法	说明	页码
显示屏 (display)	display.scroll()	滚动显示一行字符串	13
	display.show()	显示图像、图像序列或字符串	11
	display.clear()	清除屏幕显示内容	14
	display.set_pixel()	设置 LED 列行上灯的亮度	37
	display.get_pixel()	读取 LED 列行上灯的亮度	
	LED 灯的坐标	最上一行称为第 0 行,最后一行称为第 4 行。最左一列称为第 0 列,最右一列为第 4 列	
无线电 (radio)	radio.on()	打开广播	55
	radio.off()	关闭广播,释放内存	
	radio.send()	发送内容	
	radio.receive()	从接收队列中获取最后一条消息	
	radio.config()	设置无线电的参数	
按钮 (button)	button_X.is_pressed()	当前按钮是否已经被按下	20
	button_X.was_pressed()	当前按钮是否曾经被按下过	
	button_X.get_presses()	获取按下的按钮次数	
引脚 (Pin)	pinX.is_touched()	判断是否被触碰	49
	pinX.read_digital()	读取在引脚上的数字信号	
	pinX.write_digital()	向引脚输出数字信号	
	pinX.read_analog()	读取在引脚上的模拟电压值	
	pinX.write_analog()	向引脚输出模拟电压	
音乐 (music)	music.play()	播放音乐	31
	music.stop()	停止音乐播放	
	music.reset()	重置音乐设置	
	music.pitch()	播放某一频率的声音	39
	NOTE[octave][:duration]	表示音符	33
	内置的乐曲	内置的 21 首乐曲	31
图像 (Image)	内置的图像	内置的 76 幅图片	12
	shift_left()	返回向左平移后的图像	17
	shift_right()	返回向右平移后的图像	
	shift_up()	返回向上平移后的图像	
	shift_down()	返回向下平移后的图像	
	invert()	返回反显以后的图像	
	copy()	返回与原图像一样的新的图像	

续表

对象	方法	说明	页码
图像 (Image)	Image (" xxxxx: xxxxx: xxxxx: xxxxx: xxxxx")	自定义图像	13
加速度传感器 (accelerometer)	accelerometer.get_x()	获得 X 方向上的加速度	45
	accelerometer.get_y()	获得 Y 方向上的加速度	
	accelerometer.get_z()	获得 Z 方向上的加速度	
	up, down, left, right, face up, face down, freefall, 3g, 6g, 8g, shake	手势	26
	accelerometer.was_gesture()	检查手势是否曾经发生过	27
	accelerometer.get_gestures()	获取包含发生过的手势的元组	
	accelerometer.current_gesture()	返回当前发生的手势名	
	accelerometer.is_gesture()	返回指定的手势是否正在发生	
温度传感器 (temperature)	temperature()	读取当前的温度值	46
磁力传感器 (compass)	compass.calibrate()	校准磁力传感器	24
	compass.heading()	获取磁力传感器的方向值	
	compass.get_field_strength()	获得当前磁场的强度	45
	compass.is_calibrated()	磁力传感器是否已经被校准	
	compass.clear_calibration()	撤销校准,使指南针处于未校准状态	
	compass.get_x()	读取 X 轴方向上的值磁力强度	
	compass.get_y()	读取 Y 轴方向上的值磁力强度	
	compass.get_z()	读取 Z 轴方向上的值磁力强度	
时间函数	running_time()	获取运行的时间	52
暂停函数	sleep(n)	让 micro:bit 暂停运行 n 毫秒	14

附录二　Python 基础知识

类别	内容	说明		页码
数据结构	字符串(string)	由数字、字母、符号等组成的一串字符		13
	字符串操作	运算符	运算	53
		+	字符串连接	
		*	重复输出字符串	
		[]	通过索引获取字符串中字符	
		[:]	截取字符串中的一部分	
	字符串的拼接	使用"%"符号进行拼接		66

续表

类别	内容	说明	页码
数据结构	元组(tuple)	一组数据的不可变有序序列	27
	列表(list)	一组数据的可变有序序列	30
	列表解析	一种Python迭代机制,用于创建新的列表	56
表达式	变量	存储在内存中的值	14
	变量赋值运算	将表达式的结果赋给变量	22
	in 操作	判断元素是否存在在序列中	41
	关系运算符	<table><tr><th>关系运算符</th><th>含义</th></tr><tr><td><</td><td>小于</td></tr><tr><td><=</td><td>小于或等于</td></tr><tr><td>></td><td>大于</td></tr><tr><td>>=</td><td>大于或等于</td></tr><tr><td>==</td><td>等于,比较对象是否相等</td></tr><tr><td>!=</td><td>不等于</td></tr></table>	25
	逻辑表达式	<table><tr><th>逻辑运算符</th><th>含义</th></tr><tr><td>and</td><td>并且</td></tr><tr><td>or</td><td>或者</td></tr><tr><td>not</td><td>非</td></tr></table>	21
	算术运算符	<table><tr><th>运算符</th><th>运算</th></tr><tr><td>+</td><td>加法</td></tr><tr><td>-</td><td>减法</td></tr><tr><td>*</td><td>乘法</td></tr><tr><td>/</td><td>除法</td></tr><tr><td>%</td><td>取余</td></tr><tr><td>//</td><td>取整除</td></tr><tr><td>**</td><td>幂</td></tr></table>	52
控制流	if 条件语句	```if 条件1:
语句块1
elif 条件2:
语句块2
⋮
elif 条件n:
语句块n
else:
语句块n+1```	20

附录

续表

类别	内容	说明	页码
控制流	for... in 遍历	for 循环变量 in 序列： 　　循环体 else: 　　循环正常退出时运行的语句块	35
	while True: 永久循环	while True: 　　需永久循环的语句块(循环体)	16
	while 循环	while 判断条件： 　　需执行的语句块(循环体) else: 　　当判断条件 False 时执行的语句块	39
	break 语句	终止当前循环	41
	continue 语句	跳过当前循环的剩余语句，然后继续进行下一轮循环	41
	pass 语句	空语句	60
函数	print()函数	在控制端的屏幕上打印出信息	20
	range()函数	生成一个数字序列	35
	常见的内置数值函数	<table><tr><th>函数</th><th>作用</th></tr><tr><td>str(x)</td><td>将对象转化为适于阅读的字符串</td></tr><tr><td>abs(x)</td><td>返回给定数字的绝对值</td></tr><tr><td>min(x, y, ...)</td><td>返回给定的参数中的最小值</td></tr><tr><td>max(x, y, ...)</td><td>返回给定的参数中的最大值</td></tr><tr><td>round(x[,n])</td><td>返回浮点数 x 保留 n 位小数的四舍五入后的值</td></tr></table>	22
	随机数对象 random	<table><tr><th>random 的方法</th><th>说明</th></tr><tr><td>random.random()</td><td>随机生成的一个实数。生成的随机数 n 的范围是 0 <= n < 1</td></tr><tr><td>random.randint (a, b)</td><td>随机生成一个指定范围内的整数。其中参数 a 是下限，参数 b 是上限，生成的随机数 n: a <= n <= b</td></tr><tr><td>random.choice (元组/列表)</td><td>从序列(元组/列表)中获取一个随机的元素</td></tr><tr><td>random.shuffle (列表)</td><td>用于将一个列表中的元素打乱</td></tr></table>	28

续表

类别	内容	说明	页码
函数	自定义函数	def 函数名(参数): 　　函数体内的语句块 　　return 返回值	66

附录三　music 内置乐曲

乐曲名	说明	乐曲名	说明
DADADADUM	C 小调贝多芬第五交响曲的开场	PUNCHLINE	一个笑话的有趣片段
ENTERTAINER	爵士经典"艺人"开场片段	PYTHON	《巨蟒的飞行马戏团》的主题
PRELUDE	巴赫 C 大调第 48 前奏与赋格	BADDY	无声电影时代坏人入场的主题音
ODE	《贝多芬第九交响曲》中的"欢乐颂"主题	CHASE	无声电影时代追逐场景的主题音
NYAN	《the Nyan Cat》主题曲	BA_DING	一个短音,表明有事情发生
RINGTONE	像手机铃声乐曲	WAWAWAWAA	一个非常悲伤的长音
FUNK	有谍战和犯罪意味的低音	JUMP_UP	向上跳的音,可用于游戏
BLUES	一个 12 小节布鲁斯风格的低音复奏爵士乐	JUMP_DOWN	向下跳的音,可用于游戏
BIRTHDAY	《祝你生日快乐》	POWER_UP	一阵表示成功的喧嚣音
WEDDING	瓦格纳的歌剧《罗恩格林》中的《婚礼进行曲》	POWER_DOWN	一阵表示失败的喧嚣音
FUNERAL	《葬礼进行曲》,肖邦钢琴奏鸣曲 2 号 B 小调		

附录四　Image 内置图像

图像名	图例	图像名	图例	图像名	图例
ANGRY （生气）		ARROW_E （箭头_东）		ARROW_N （箭头_北）	
ARROW_NE （箭头_东北）		ARROW_NW （箭头_西北）		ARROW_S （箭头_南）	
ARROW_SE （箭头_东南）		ARROW_SW （箭头_西南）		ARROW_W （箭头_西）	

附录

续表

图像名	图例	图像名	图例	图像名	图例
ASLEEP（睡着）		BUTTERFLY（蝴蝶）		CHESSBOARD（棋盘）	
CLOCK1（1点）		CLOCK2（2点）		CLOCK3（3点）	
CLOCK4（4点）		CLOCK5（5点）		CLOCK6（6点）	
CLOCK7（7点）		CLOCK8（8点）		CLOCK9（9点）	
CLOCK10（10点）		CLOCK11（11点）		CLOCK12（12点）	
CONFUSED（困惑）		COW（牛）		DIAMOND（菱形）	
DIAMOND_SMALL（菱形_小）		DUCK（鸭子）		FABULOUS（极妙）	
GHOST（幽灵）		GIRAFFE（长颈鹿）		HAPPY（高兴）	
HEART（心形）		HEART_SMALL（心_小）		HOUSE（房子）	
MEH（无聊）		MUSIC_CROTCHET（四分音符）		MUSIC_QUAVER（八分音符）	
MUSIC_QUAVERS（颤音）		NO（否）		PACMAN（吃豆人）	

图像名	图例	图像名	图例	图像名	图例
PITCHFORK（叉子）		RABBIT（兔子）		ROLLERSKATE（轮滑）	
SAD（伤心）		SILLY（愚蠢）		SKULL（头）	
SMILE（笑脸）		SNAKE（蛇）		SQUARE（方形）	
SQUARE_SMALL（方形_小）		STICKFIGURE（线条画）		SURPRISED（惊讶）	
SWORD（宝剑）		TARGET（目标）		TORTOISE（乌龟）	
TRIANGLE（三角形）		TRIANGLE_LEFT（左三角形）		TSHIRT（T恤衫）	
UMBRELLA（伞）		XMAS（圣诞树）		YES（是）	

图像列表	列表内容
ALL_CLOCKS（所有时钟）	[CLOCK1, CLOCK2, CLOCK3 CLOCK4, CLOCK5, CLOCK6, CLOCK7, CLOCK8, CLOCK9, CLOCK10, CLOCK11, CLOCK12]
ALL_ARROWS（所有箭头）	[ARROW_N, ARROW_NE, ARROW_E, ARROW_SE, ARROW_S, ARROW_SW, ARROW_W, ARROW_NW]